LES CHEFS-D'ŒUVRE

DE

DESPORTES

AVEC

UNE PRÉFACE ET DES NOTES

PAR

PAUL GAUDIN

« L'on s'y peut réjouir avec ce que l'on
aime, et plaindre une absence.

« HENRI IV.

P — M.

PARIS

POULET-MALASSIS, ÉDITEUR

97, RUE RICHELIEU, 97

—

1862

LES CHEFS-D'ŒUVRE

DE

DESPORTES

PARIS. — IMPRIMERIE DU CORPS LÉGISLATIF

Poupart-Davyl et Cie, 30, rue du Bac

LES CHEFS-D'ŒUVRE

DE

DESPORTES

AVEC

UNE PRÉFACE ET DES NOTES

PAR

PAUL GAUDIN

> « L'on s'y peut réjouir avec ce que l'on
> aime, et plaindre une absence.
>
> « HENRI IV. »

P M.

PARIS

POULET-MALASSIS, ÉDITEUR

97, RUE RICHELIEU, 97

1862

PRÉFACE

« Dans ses poésies du bon temps, dit M. Sainte-Beuve, Desportes a plusieurs petits chefs-d'œuvre complets, ce qui est essentiel chez tout poëte, de ces petites pièces, chansons ou épigrammes, à l'italienne et à la grecque, comme Malherbe les méprisait (a) et comme nous les aiimons. »

(a) Chacun sait que Malherbe, qui avait rayé tout Ronsard, prétendait faire des fautes de Desportes un livre plus gros que ses œuvres mêmes ; on sait aussi comment Régnier vengea son oncle dans sa neuvième satire.

A

Ces paroles du plus justement célèbre de nos critiques seraient notre excuse, s'il nous en fallait une, pour l'édition épurée que nous publions aujourd'hui. Les morceaux qui la composent, épars jusqu'à présent dans le pêle-mêle des œuvres complètes de notre poëte, ne sont guère connus, la plupart, que d'un petit nombre de lecteurs : on comprend, en effet, qu'il faille un certain courage, pour chercher, dans un volume d'à peu près vingt mille vers, les quelques pièces, chansons ou épigrammes dont parle M. Sainte-Beuve. « Les voilà maintenant toutes ensemble, d'une seule étable, d'un seul troupeau. (*b*) » Puissent-elles ainsi être agréables au public et utiles à la gloire d'un poëte que Boileau nous a appris à juger trop légèrement !

Depuis que l'*Art poétique* a dit, en parlant de Ronsard :

Ce poëte orgueilleux, trébuché de si haut,
Rendit plus retenus Desportes et Bertaut,

(*b*) Distique du grammairien Artémidore, en tête des Idylles de Théocrite, réunies par lui pour la première fois.

tout le monde s'est incliné devant l'arrêt, trouvant commode d'assimiler, toujours, sans l'avoir jamais lu, le brillant Desportes au pâle et sage (c) Bertaut ; et cette étrange opinion, loin de trouver des adversaires, a été acceptée toute faite et de nouveau consacrée par ceux de nos contemporains qui eussent été les plus puissants à la combattre.

Ouvrez, par exemple, l'*Histoire de la langue et de la littérature française au* XVIᵉ *siècle*, par M. Philarète Chasles : « Avec Desportes, dit M. Philarète Chasles, commencent cette molle élégance, cette grâce raffinée, auxquelles on ne peut donner beaucoup d'éloges, ni faire subir une critique bien sévère..... A force de pureté et d'élégance, il semble quelquefois atteindre le naturel ; la douce rêverie, la voluptueuse mollesse de

(c) Régnier. Satire à M. Bertaut, évêque de Séez :

Mon oncle m'a conté que, montrant à Ronsard
Tes vers étincelants et de lumière et d'art,
Il ne sut que reprendre en ton apprentissage,
Sinon qu'il te jugeait pour un poëte trop sage.

ses meilleurs vers semblent appartenir à un poëte de l'école de Parny. » Et toujours Bertaut à l'horizon !

Ainsi voilà Desportes, dernier venu du groupe de Ronsard, tout plein encore de cette séve de la renaissance, qu'il transmit si puissante à son neveu Régnier (d); artiste à la Chénier (e), dont le vers, sous une forme exquise, nous montre une âme éprise de toutes les beautés de la nature ; un vrai poëte enfin, condamné,

---

(d) Régnier. Satire à M. Rapin.

> Or, Rapin, quant à moi, je n'ai pas tant d'esprit ;
> Je vais le droit chemin que mon oncle m'apprit.

(e) On trouve, dans les élégies de Desportes un grand nombre de vers, qui rappellent, à s'y méprendre, la forme des vers élégiaques du poëte byzantin :

> Si l'amour est un dieu, c'est un dieu d'injustice.....
> Celui n'avait d'amour essayé la puissance
> Qui le fit un enfant privé de connaissance.....
> Que je fus malheureux de me laisser reprendre !
> Non ; je devais mourir, plutôt que de me rendre.....
> Je me plains seulement de voir que la cruelle
> Ne croit pas que je l'aime et m'appelle inconstant,
> Ou dit que mes ennuis viennent d'autres que d'elle.....
> J'apprendrai votre gloire aux murmurants rivages,
> Aux oiseaux passagers et aux bêtes sauvages,
> Qui viendront, pour m'ouïr, des forêts d'alentour,
> Et plaindront, en longs cris, ma peine et mon amour...

mis, en croix entre Bertaut, le tout doux, tout fade, tout précieux rimeur, digne précurseur de l'hôtel Rambouillet, et Parny, l'élégiaque libertin d'un siècle où il n'y a plus de poésie que dans la prose.

Et ne croyez pas que M. Philarète Chasles soit seul à juger ainsi : tous nos critiques parlent comme lui ; on aurait peur de se compromettre à trop louer Desportes ; M. Sainte-Beuve lui-même, avec son goût pur et délicat, tout en s'abandonnant à une admiration sincère, lorsqu'il cite les chefs-d'œuvre du poëte (f), se refroidit et devient injuste, dès qu'il formule une appréciation générale (g).

(f) « A la lecture de semblables vers, dit M. Sainte-Beuve, après ces citations, on conçoit comment Ronsard grisonnant s'avouait vaincu et proclamait Desportes le *premier poete francais*, comment aussi les plus éclairés des contemporains affir- maient, de la langue poétique créée par l'un et polie par l'autre, qu'elle était arrivée à son plus haut degré de perfection. On se fait même une question ici : Pourquoi cette langue n'a-t-elle pas donné dès lors tous les fruits que vit mûrir l'âge suivant?.... Pour moi, je ne puis croire que Corneille, paraissant du temps de Desportes, n'eût pu enfanter ses miracles, même avant d'avoir eu pour précurseur Malherbe. » (Sainte- Beuve. Poésie française au xvıᵉ siècle.)

(g) Signalons cependant, comme une protestation contre la chose ugée, celle

Oui, sans doute, il y a dans Desportes une grande partie des pièces, où abondent les jeux de mots, les pointes à l'italienne, le plus détestable mauvais goût; nous l'avouons, et nous ne sommes pas les moins sévères sur cet article, puisque nous avons omis à dessein, dans cette édition, quelques pièces, sonnets ou chansons, que nous avons vues citées ailleurs pour leur gentillesse précieuse. Mais, cette part faite à l'oubli, il reste le petit volume que nous offrons au public, et nous savons des œuvres, d'un grand renom pourtant, qui, en pareil cas, seraient plus minces peut-être de quantité et de qualité.

Nous donnerons à grands traits l'histoire de Desportes: la vie des poëtes, c'est leurs œuvres ; leurs vers nous

phrase toute timide, toute bourrée de précautions oratoires, que nous trouvons dans le Tableau de la poésie française au xvi⁰ siècle (article Bertaut): « Un caractère tout à fait propre à Bertaut, c'est que, par la platitude et les pointes de son style, il ressemble bien plus aux Colletet, aux Scudéry, aux Des Yveteaux, et autres pareils rimeurs de l'âge suivant, qu'à Belleau, Baïf, et même Desportes. Ceux-ci relevaient du moins leur mauvais goût par de l'énergie, de l'éclat et quelques traits épars du poëte. Bertaut ouvrit, en quelque sorte, carrière à cette innombrable cohue de beaux esprits, qui ne firent jamais que des vers détestables. »

les montrent mieux que tous les mémoires du monde.
Pour eux, à notre avis, le trop grand jour n'est qu'un
faux jour, et nous cherchons Alfred de Musset, par
exemple, plutôt dans les *Nuits* que dans *Lui et Elle*. Quelle
histoire de Molière vaudrait le *Misanthrope*, et qu'ajoute
Lamartine aux *Méditations* en leur mettant une queue de
commentaires ?

Philippe Desportes, petit bourgeois de Chartres, et
Marie Edeline, sa femme, eurent huit enfants : Philippe,
notre poëte, né à Chartres en 1546 ; Thibault, qui fut
plus tard le sieur de Bévilliers (*h*), grand audiencier de
France ; et six filles, dont l'une, Simone Desportes,
épousa Jacques Régnier, notable bourgeois de Chartres,
et fut la mère de Mathurin Régnier, le dernier et le plus
grand des poëtes du XVIᵉ siècle.

(*h*) Du nom du château de Bévilliers (Seine-et-Oise), où il avait coutume de passer la belle saison. — Consulter, pour cette vie de Desportes plus en détail, l'ex-
cellente notice que M. Alfred Michiels a consacrée au poëte, dans l'édition de la
Bibliothèque gauloise. (Delahays éditeur.)

Après de bonnes études, Philippe entra chez un procureur à Paris. « Ce procureur avait une femme assez jolie, à qui ce jeune clerc plaisait un peu trop. Il s'en aperçut, et, un jour que Desportes était allé en ville, il prit ses hardes, en fit un paquet, et les pendit au maillet de la porte de l'allée, avec cet écriteau : Quand Philippe reviendra, il n'aura qu'à prendre ses hardes et s'en aller (*i*). »

Le poëte, car il l'était déjà, s'en alla se consoler à Avignon. « Peut-être, dit Tallemant, que la cour était vers ce pays-là. » Il s'y présenta, en qualité de secrétaire, chez un seigneur de la maison de Senecterre, l'évêque du Puy, qui le prit en amitié et l'emmena en Italie. « Il rapporta de ce pays, à coup sûr, toute sorte de butin poétique et de matière à imitations gracieuses (*j*). »

(*i*) Tallemant des Réaux. Historiettes, article sur Desportes.

(*j*) Sainte-Beuve. Article sur Desportes, à la suite du Tableau de la poésie au XVIᵉ siècle.

On ignore absolument les circonstances qui amenèrent Desportes à la cour. « Le poëte, dit M. Alfred Michiels (*k*), fut sans doute mis en relations par Laubespine avec Charles IX et les plus grands personnages, notamment avec le duc d'Anjou et le marquis de Villeroy, principal ministre. » Claude de Laubespine était secrétaire des commandements du roi ; Desportes se lia avec lui, et il est permis de supposer que ce fut là la source de sa fortune. Cependant le ton du poëte, dans les quelques vers qu'il a consacrés à Laubespine, est tout différent de celui qu'il garde avec ses protecteurs (*l*), et l'intérêt personnel semble bien étranger au désespoir que lui causa, en 1570, la mort de son jeune et puissant ami (*m*).

(*k*) Dans la notice déjà citée à la note *h*.

(*l*) Voir, dans les œuvres complètes, le début de Rodomont ou celui d'Angélique.

(*m*) Desportes. Épitaphes :

> J'avais un seul ami, sage, heureux et parfait ;
> La mort, en son printemps, sans pitié l'a défait,
> Comblant mes yeux de pleurs, et mon âme de rage ;
> Depuis, je fus six mois, dans un lit, languissant.

A.

Quoi qu'il en soit, Desportes réussit à la cour : ami de tout le monde, avec sa conscience un peu large, flatteur habile, nature moins droite qu'adroite, il paraît avoir eu pour règle de conduite la maxime : « A chacun selon son goût. » Célébrant tour à tour sa dame et celles des autres, il se fit rapidement un nom fameux, et, comme dit Jacques de Montereul,

> Il fut tout aussitôt reconnu par la France
> Un foudre de bien dire, un torrent d'éloquence,
> Et, brusquement porté sur l'aile de ses vers,
> Du clair bruit de son nom il remplit l'univers.

Aussi le voyons-nous, accueilli d'abord, en qualité de secrétaire, chez le ministre Villeroy, successivement

Et dans les Amours de Diane :

> Sur le tombeau sacré d'un que j'ai tant aimé,
> Et dont la souvenance est en vous si bien peinte,
> J'assure et vais jurant, plein d'amour et de crainte,
> Que, sans plus, de vos yeux mon cœur est enflammé.
>
> . . . .
>
> Si je dois quelque jour démentir ce langage,
> L'esprit qu'à haute voix j'appelle en témoignage,
> Qui nous aimait tous deux et que nous aimions tant,
> Toute nuit m'épouvante et me soit adversaire !
> Mais fussé-je aussi sûr que ma foi vous dût plaire,
> Comme je le suis trop de vous être constant !

gratifié de huit cents couronnes d'or par Charles IX enthousiasmé de son *Rodomont*, et de dix mille écus par le duc d'Anjou, pour faire, nous dit Claude Garnier,

> Que ses premiers labeurs honorassent le jour
> Sous la bannière claire
> Et dessous les blasons de Vénus et d'Amour,

devenir enfin comme indispensable aux princes dont ses vers servaient si bien les tendresses. Le 28 septembre 1573, le futur Henri III, s'en allant régner en Pologne, emmenait avec lui son poëte. C'était, nous dit Dorat (n), en assez méchants vers latins, l'Orphée dont les chants et la lyre devaient calmer les tempêtes et rendre fixes les roches mouvantes, *transvolet incolumis dum classis Jasona portans.*

Au bout de neuf mois, las du séjour, il prit congé de son maître et revint en France, où la gent littéraire fêta

---

(n) Dorat ou Daurat, savant et poëte, eut pour élèves presque tous les poëtes de la pléiade. Il jouit en son temps d'une si grande renommée, que Charles IX créa pour lui le titre de poëte royal.

son retour, comme elle avait pleuré son départ. Bientôt
après, Henri lui-même, sur la nouvelle de la mort de
son frère, quittait la Pologne en fugitif et rentrait dans
Paris, sa nouvelle capitale.

Ce fut un coup du ciel pour la fortune de Desportes. Les
abbayes, les bénéfices lui tombèrent comme une pluie (o).

> Il posséda son roi ; des affaires de France
> Oncques homme vivant n'eut si grand' connaissance (p).

Poétisant avec son ordinaire faiblesse les plus mons-
trueuses fantaisies du prince, tour à tour familier de ses
différents favoris, attaché finalement au duc de Joyeuse,

(o) « Desportes, dit l'épitaphe quel ui fit inscrire le sieur de Bévilliers, son frère,
refusa d'abord la dignité considérable de secrétaire des commandements, puis l'ar-
chevêché de Bordeaux. » Il acceptait plus facilement les abbayes; Joyeuse lui en
donna une pour un sonnet. Il fut abbé de Tiron, dans le diocèse de Chartres, de
Bonport, en Normandie, de Josaphat, d'Aurillac, de Vaux-de-Cernay. « Quand on
regarde le ciel, par une belle nuit, dit M. Sainte-Beuve, on y découvre étoiles su
étoiles; plus on regarde dans la vie de Desportes, plus on y découvre d'abbayes. »
Il fut encore chanoine de la Sainte-Chapelle. Tout cela lui rapportait quarante mille
livres, selon Tallemant des Réaux. On l'appelait d'ordinaire Monsieur de Tiron.

(p) Jacques de Montéreul. Tombeau de Desportes.

le plus habile et le plus brillant de tous, il devint comme une sorte de ministre au petit pied, et de protégé passa protecteur. « Ce fut alors, dit Tallemant, qu'il fit beaucoup de bien aux gens de lettres, et leur fit donner bon nombre de bénéfices. » Vauquelin de la Fresnaye, le cardinal du Perron, l'historien de Thou furent ses obligés à divers titres (q). Tous les écrits du temps témoignent de sa bienveillance, de son humeur affable et généreuse :

D'un commerce aussi doux que les vers de ta lyre,
Te lire c'est te voir, et te voir c'est te lire (r),

disent de lui les contemporains. Sa table, ouverte à tous et servie avec luxe, « chacun jour se bordait d'une savante

---

(q) « Ce fut lui, dit Tallemant, qui fit la fortune du cardinal du Perron, qui était sa créature. Quand il le vit cardinal, il fut bien empêché, car il ne pouvait se résoudre à traiter de monseigneur un homme qu'il avait nourri si longtemps ; il trouvá un milieu et lui écrivit *domine*. »

C'est grâce à lui encore que Vauquelin de la Fresnaye eut de Joyeuse l'intendance des côtes de la mer, et que Jacques de Thou fut nommé président à mortier, en survivance d'Augustin de Thou, son oncle.

(r) Traduit d'un distique latin d'Etienne Pasquier :

Versibus ut lenis, comis sic moribus idem es ;
Si lego te video, si videoque lego.

trope (s) des plus rares esprits, l'élite de l'Europe. » Sa riche collection de livres, que chacun pouvait consulter, l'état somptueux de sa maison, sa magnificence à venir en aide aux écrivains pauvres rent de lui, pendant ces dix années, comme le centre autour duquel parut graviter littérature. Ce fut bien réellement le poëte des princes, et le prince des poëtes.

La mort de Joyeuse, à la bataille de Coutras, vint mettre un terme à cet enchaînement de prospérités. Desportes atterré, sous le premier coup de la douleur, voulut fuir le monde, et s'enferma chez Baïf, au faubourg Saint-Marcel. Là, sans doute, comme après la mort de son cher Laubespine, il dut composer quelques-unes de ces pièces religieuses, « de ces prières qui, dans une âme mobile, dit M. Sainte-Beuve, ne semblent pas avoir été sans émotion et sans sincérité. »

(s) Lisez « troupe. » Les deux vers sont de Jacques de Montereul.

Deux ans plus tard, comme notre poëte, malade encore de tristesse et d'ennui, était venu chercher le calme des champs à son abbaye de Bonport, Henri III, assiégeant Paris, d'où l'avaient chassé les ligueurs, mourut assassiné par le dominicain Jacques Clément. Desportes, que ses liaisons et ses abbayes engageaient déjà dans le parti de la Ligue, qui prévoyait d'ailleurs, sur les apparences, l'insuccès du roi de Navarre, sortit aussitôt de sa retraite, et courut se joindre au cousin de Joyeuse, Villars, qui occupait en armes la capitale de la Normandie. L'armée royale, arrivant derrière lui, envahit la province, s'empara du monastère et mit le siége devant la ville.

Ainsi dépouillé de ses biens, captif dans les murs de Rouen, Desportes trouvait encore à se consoler auprès de sa gracieuse maîtresse, madame de Simier (t), qui l'avait suivi dans son exil. Mais les destins en voulaient

_____

(t) Son nom était Louise de Lhopital-Vitry. Elle fut fille d'honneur de Catherine de Médicis. Tallemant parle d'elle comme d'une femme plus que légère.

au poëte : la belle plut à Villars, Villars lui plut, et

l'amant délaissé put chanter son ode à Pyrrha (u) :

> Prince, à qui les destins en naissant m'ont soumis,
> Quelle fureur vous tient d'aimer cette infidèle ?
> L'air, les flots et les vents sont plus arrêtés qu'elle ;
> Puisse une telle erreur troubler mes ennemis !

> Son œil, par qui tant d'heur vous est ore promis,
> Amusa mon esprit par la même cautelle ;
> Ce corail souriant, qui les baisers appelle,
> Mille fois ses trésors à souhait m'a permis.

> Comment peut en l'aimant votre âme être assurée ?
> Me laissant pour vous prendre, elle s'est parjurée ;
> Ce cœur, qu'elle dit vôtre, était naguère à moi.

> Elle eut pour me dompter toutes les mêmes armes :
> C'étaient mêmes serments, mêmes vœux, mêmes larmes.
> Vous pourrez-vous fier à qui n'a point de foi ?

Cependant, quand notre poëte vit la fortune marcher

partout avec les royalistes, il est probable qu'il regretta

(u) « Depuis, dit Tallemant des Réaux, comme il arrive entre amants, elle n'aima plus M. Desportes, et le mit mal avec l'amiral de Villars, qui, quoiqu'elle fût déjà sur le retour, était devenu amoureux d'elle à toute outrance : malicieusement, elle dit à l'amiral que, s'il avait toujours Desportes avec lui, on croirait qu'il ne faisait rien que par son conseil, et que cet homme le régentait toujours. »

de n'avoir pas fait comme elle. Aussi voyons-nous bientôt Villars entrer en négociations avec le Béarnais. Villars, homme violent, brave à l'excès, mais sans finesse, avait laissé Desportes prendre sur lui un grand empire : on devine aisément qui des deux songea d'abord à se rendre. Après bien des conférences commencées et rompues, bien des offres d'un côté et des exigences de l'autre, l'*alter ego* du roi, Sully lui-même, entra dans Rouen, où l'on régla définitivement les conditions du traité. Le poëte ne s'y laissa point oublier, et fit stipuler la restitution de ses abbayes, confisquées par les huguenots.

« Ceci obtenu, dit M. Sainte-Beuve, Desportes n'eut plus qu'à vieillir riche et honoré. Il traduisit les Psaumes, sans doute pour réparer un peu et satisfaire enfin aux convenances de sa vie ecclésiastique. Le succès, à le bien voir, fut contesté ; Malherbe lui en dit grossièrement en face ce que du Perron pensait et disait plus bas. Mais ces sortes de vérités se voilent toujours d'assez d'éloges aux oreilles des vivants puissants, et Desportes put se faire illusion sur sa décadence. Il se continuait avec harmonie par Bertaut (v) ; il rajeunissait surtout avec éclat et bonheur dans son neveu, l'illustre Mathurin Régnier. » — Retiré dans son abbaye de Bonport, n'allant plus que rarement à la cour, il termina paisiblement une vie tant soit peu agitée, et sut garder jusqu'à la fin l'habileté, la magnificence, la bonté d'âme, qui ont fait de lui une des grandes figures de son siècle. Il mourut à Bonport, le 5 octobre 1606, à l'âge de soixante ans, laissant sa fortune à trois de ses sœurs (w) et à son frère, Bévilliers, qui, si l'on en croit Tallemant, était un assez triste personnage (x). Un fils naturel hérita de sa riche bibliothèque et la gaspilla.

(v) Toujours le vers de Boileau qui reparaît et gâte tout.

(w) « M. Desportes eut fantaisie d'avoir tout le patrimoine de sa famille : c'était une fantaisie un peu poétique. Il avait un frère et six sœurs, dont trois ne lui voulurent pas vendre leur part. Il ne leur fit point de bien; il en fit aux autres, et principalement à son frère. » (Tallemant des Réaux.)

(x) Tallemant. Historiette du frère du cardinal du Perron, l'archevêque de Sens, qu'on appelait l'Ambigu. « On ne laissait pas de dire que les cadets avaient perdu leur procès, car le cadet de Desportes et celui de Bertant approchaient encore moins de leurs aînés que cet Ambigu du cardinal. »

Les œuvres de Desportes, sans parler de ses Psaumes, justement oubliés, forment un ensemble respectable d'à peu près vingt mille vers, élégies, chansons ou sonnets, presque tous célébrant ses amours : amours de Diane, amours d'Hippolyte, amours de Cléonice, « sans préjudice des amours diverses (*y*). »

Nous avons tiré de ce trouble océan de rimes quelques fragments, qui n'ont pu figurer dans l'écrin des perles entières, et que nous donnerons ici, pour terminer.

Citons d'abord cette délicieuse *complainte* d'un amant qui attend sa dame au point du jour :

> O trop cruelle aurore, ennuyeuse, ennemie,
> Qui te retient, disais-je, ainsi tard endormie?

(*y*) Les noms véritables de ses trois maîtresses sont inconnus ; ce qu'en dit du Radier n'est que conjecture. On sait seulement que Desportes aimait en haut lieu, et Tallemant raconte qu'un jour, Henri IV lui ayant dit en riant, devant madame de Conti : « Monsieur de Tiron, il faut que vous aimiez ma nièce ; cela vous réchauffera, et vous fera faire encore de belles choses, quoique vous ne soyez plus jeune, » la princesse répondit assez hardiment : « Je n'en serais pas fâchée ; il en a aimé de meilleure maison que moi. » Elle entendait, ajoute le chroniqueur, la reine Marguerite, que Desportes avait aimée, lorsqu'elle n'était encore que reine de Navarre. »

Te plais-tu maintenant si fort à caresser
Ton vieux mari fâcheux, qui ne fait que tousser,
Immobile, impotent, qui faiblement t'embrasse,
Et qui te refroidit de ses membres de glace ?
Tu ne dois si longtemps en paresse couver :
La femme d'un vieillard matin se doit lever.
Mais las ! j'ai belle peur que tu sois arrêtée
De quelque autre plaisir, qui te rend moins hâtée :
Tu reposes, contente, au sein de ton ami,
Et laisses ton vieillard en son lit endormi.
Si ne dois-tu pourtant, amoureuse courrière,
Laisser tout l'univers privé de ta lumière.
Or sus, lève-toi donc ; rends le jour éclairci ;
Si tu vois tes amours, je n'en suis pas ainsi.

Et cette description du matin, si fraîche, si vive, qu'on dirait échappée à Chénier :

Phébus aux cheveux d'or sur les monts paraissait,
Et la nuit devant lui son grand voile abaissait ;
Les fleurs s'ouvraient au jour, et la gaie arondelle
Saluait en chantant la lumière nouvelle.

Et, comme pendant, cette peinture de l'hiver :

La terre, au lieu de fleurs, de frimas est couverte ;
Prés, buissons et forêts quittent leur robe verte ;
La gorge des oiseaux est muette aux chansons,
Et le cours des ruisseaux est bridé de glaçons.

Tout prouve que Desportes avait un vif sentiment des

choses de la nature : c'est lui qui nous montre le printemps,

> Remplissant l'air d'odeurs, les herbes de rosée,
> Les cœurs d'affections, *et de larmes les yeux.*

Il est peut-être un des poëtes français chez qui l'on rencontre le plus souvent ces vraiment beaux vers, dont parle quelque part M. Sainte-Beuve, « qui peignent, d'une seule touche courante, leur objet, une tempête, un ombrage flottant, la douceur du sommeil, le vent qui enfle la voile, un cri de nature. » On en trouvera plus d'un dans le courant du volume. En voici quelques-uns, que nous avons glanés dans son rebut :

C'est d'abord une fontaine,

> Avec son mol ombrage et son eau froide et claire.

C'est un jeune homme blessé, couché au bord de cette charmante fontaine :

> Son chef était poudreux, son teint pâle et séché,
> Pareil au jeune lys que l'orage a touché.

Et ailleurs :

> Je me plais dans le feu dont j'ai l'âme embrasée,
> Comme une jeune fleur s'égaye à la rosée.

Une dame enlève à une amie son amant; pour consoler la délaissée, Desportes lui montre sa rivale abandonnée à son tour : Pareil destin s'apprête, dit-il,

> Pour celle qui si haut fait sonner sa conquête.

Ce vers « mobile et dansant, » n'est-il pas tout un tableau?

Écoutez encore ce beau vers sur les femmes qui ont vendu leur amour :

> Vous, leur dit le poëte,

> Qui n'avez estimée être chose vilaine
> Du revenu du lit accroître son domaine (z)...

Comment mieux peindre que les vers suivants cette sorte de gaieté douce qui suit partout une jolie femme?

(z) Régnier se souvenait des leçons de son oncle, quand il fit dire à sa Macette :

> C'est gloire et non pas honte en cette douce peine
> Des acquêts de son lit accroître son domaine.

La terre, sous ses pas, s'émaille de verdure ;
Le ciel se plaît en elle, et, louant la nature,
Les mortels bienheureux s'égayent de l'avoir.

Ainsi, partout, l'or éclate dans le fumier d'Ennius.

Tantôt c'est un seul vers : La beauté, dit-il quelque
part,

Qui, comme un doux printemps, faisait fleurir ma vie...

Moi donc qui dresse au ciel mon vol aventureux...

Tantôt c'est une strophe entière :

Mon cœur qui soulait paravant
Voler, léger comme le vent,
Au gré de mille damoiselles,
Vole autour de vous seulement,
Comme oiseau pris nouvellement,
Auquel on a coupé les ailes.

Et encore :

N'adorer qu'une chose et ne penser qu'en elle,
Ne voir que par ses yeux, la trouver seule belle,
Ce qu'elle a dans le cœur le sentir tout ainsi,
Goûter par sa présence une douceur extrême,
Mourir ne la voyant, c'est ainsi comme j'aime ;
Mais je ne dure pas, si l'on ne m'aime aussi.

Mais il serait un peu long de tout citer. Donnons donc

encore cette charmante strophe, toute pleine de mélan-
colie :

> Puissions-nous vivre ainsi toujours,
> Maîtresse, heureux en nos amours,
> A qui nulle autre ne ressemble ;
> Et, s'il faut sentir du malheur,
> Que ce soit la seule douleur
> De n'être pas toujours ensemble !

Et terminons enfin par cette comparaison d'une si
fière tournure :

> Comme on voit bien souvent une eau faible et débile,
> Qui, du cœur d'un rocher, goutte à goutte distille,
> Et sert aux pastoureaux pour leur soif étancher,
> Par l'accroît d'un torrent plus fière et plus hautaine,
> Emporter les maisons, noyer toute la plaine,
> Et rien qui soit devant ne pouvoir l'empêcher ;
> De ma première amour le cours était semblable, etc.

Ces quelques citations peuvent suffire, pensons-nous,
pour montrer, dès l'abord, Desportes moins fade et moins
précieux qu'on ne le croit par le monde. Nous ouvrirons
maintenant le recueil de ses chefs-d'œuvre, en répétant
le souhait que nous formions au début de ces pages :
puissent-ils, ainsi réunis, être agréables au public, et
utiles à la gloire du poëte.

PAUL GAUDIN.

LES CHEFS-D'ŒUVRE

DE

DESPORTES

SONNET

A Desjardins [1]

Celle à qui j'ai sacré ces fleurs de ma jeunesse,
Mes vers, enfants du cœur, mon service et ma foi,
Par qui seule j'espère, en qui seule je croi,
Desjardins, c'est ma cœur, ma reine et ma princesse.

Ceux qui sont altérés d'honneurs ou de richesse,
Importuns, feront presse à la suite du roi
Les biens et la grandeur que je brigue pour moi,
C'est de finir ma vie en servant ma maîtresse.

Tout ce qui vit au monde, aux destins se rangeant,
Est serf de la fortune ou serf de son argent;
La peur le tyrannise, ou quelque autre manie :

C'est une loi forcée ; or quelle autre prison
Pouvait plus dignement captiver ma raison
Qu'une jeune déesse en beautés infinie?

_____

NOTE

1. Médecin de François Ier, mort en 1549, dit M. Michiels. — Comment Desportes, né en 1546, aurait-il donc pu lui adresser ces vers? Le Desjardins du sonnet nous semble être plutôt un fils ou un neveu du médecin.

CHANT D'AMOUR

Puisque je suis épris d'une beauté divine,
Puisqu'un amour céleste est roi de ma poitrine,
Puisque rien de mortel je ne veux plus sonner,
Il faut à ma princesse ériger ce trophée,
Et faut qu'à ce grand dieu, qui m'a l'âme échauffée,
Je consacre les vers que je veux entonner.

Écrivant de l'amour, Amour guide ma plume !
En parlant de beauté, la beauté qui m'allume
Vienne seule à ce coup mon courage ' émouvoir !
De deux grand's déités la faveur je désire :
Aussi les déités qu'en ces vers je veux dire
N'ont rien qui soit égal à leur divin pouvoir.

C'est un grand dieu qu'Amour ; il n'a point de semblable :
De lui-même parfait, à lui-même admirable,
Sage, bon, connaissant et le premier des dieux ;
Sa puissance invincible en tous lieux est connue ;
Son feu prompt et subtil, qui traverse la nue,
Brûle enfer, la marine [2], et la terre et les cieux.

Si c'est un dieu puissant, la Beauté n'est moins grande :
La Beauté, comme Amour, en la terre commande ;
Son pouvoir règne au ciel sur la divinité ;
L'homme s'en émerveille, et l'angélique essence
Se ravit, bienheureuse, en voyant sa présence ;
Aussi l'amour n'est rien qu'un désir de beauté.

Durant le grand débat de la masse première,
Que l'air, la mer, la terre et la belle lumière,
Mêlés confusément, faisaient un pesant corps [3],
Amour, qui fut marri de leur longue querelle,
De la matière lourde [4] en bâtit une belle,
Rangeant les éléments en paisibles accords [5].

En la grandeur des cieux, en l'air et en la terre,
Et en toutes les eaux que l'Océan enserre,
Il ne se trouve rien qui n'en soit agité :
Le poisson, au printemps, le sent dessous les ondes,
Les ours et les lions, aux cavernes profondes,
Et l'oiseau mieux volant n'a son trait évité.

Les plus lourds animaux, parmi les gras herbages,
Sentant cet aiguillon qui leur poind les courages [6],
Bondissent, furieux, pleins d'amoureux désir :
Le taureau suit la vache à travers les montagnes,
Le cheval, la jument par bois et par campagnes,
Conservant leur espèce, attirés du plaisir.

Jupiter, par lui-même, ayant l'âme enflammée,
Coule dedans le sein de sa sœur bien aimée,
Joyeuse de sentir un tel embrassement,
Dont, grosse puis après, orgueilleuse, elle enfante
Cent mille et mille fleurs, qu'elle nous représente,
Réjouissant nos yeux de son riche ornement.

C'est donc, Amour, par toi que les bois reverdissent ;
C'est par toi que les blés aux campagnes jaunissent ;
C'est par toi que les prés se bigarrent de fleurs ;
Par toi, le doux Printemps suivi de la Jeunesse,
De Flore et de Zéphyre, étale sa richesse
Peinte diversement de cent mille couleurs.

Nos ancêtres grossiers, qui vivaient aux bocages,
Hideux, velus et nus, comme bêtes sauvages,
Errant deçà delà, sans police et sans lois,
Se sont, par ton moyen, assemblés dans les villes,
Ont policé leurs mœurs par coutumes civiles,
Ont fait les déités, se sont élu des rois.

Les lettres et les arts te doivent leur naissance ;
Tu nous as fait aimer la coulante éloquence,
La haute astrologie et la justice aussi ;
Même encore à présent, l'accord de la musique,
En te reconnaissant, languit mélancolique,
S'il ne plaint la rigueur de ton poignant souci.

Tout rit par où tu passe, et ta vue amoureuse,
Qui brûle doucement, rend toute chose heureuse ;
La grâce, quand tu marche [7], est toujours au devant ;
La volupté mignarde en chantant t'environne,
Et le soin dévorant, qui les hommes talonne,
Quand il te sent venir, s'enfuit comme le vent.

Par toi, le laboureur en sa loge champêtre,
Par toi, le pastoureau menant ses brebis paître
Se plaît en sa fortune et bénit ton pouvoir,
Et, d'une villanelle [8], en chantant, il essaie
D'amollir Galatée et de guérir sa plaie,
Modérant la chaleur qui le fait émouvoir.

Les rois, par ta pointure [9] animés d'allégresse,
Donnent quelquefois trêve au souci qui les presse ;
Des graves magistrats les chagrins tu défais ;
Tu te prends, courageux, aux plus rudes gens d'armes,
Et souvent, au milieu des combats et des armes,
Tu chasses la querelle et nous donnes la paix.

Tu délectes les bons ; tu contentes les sages ;
Tu bannis les frayeurs des plus lâches courages,
Rendant l'homme craintif hautain et généreux ;
Tu es le vif surgeon de toute conrtoisie,
Et, sans toi, ne peut rien la douce poésie ;
Car un parfait poëte est toujours amonreux.

O dieu puissant et bon, seul sujet de ma lyre,
Si jamais, que de toi, je n'ai rien voulu dire,
Et si ton feu divin m'a toujours allumé,
Donne-moi pour loyer qu'un jour je puisse faire
Un œuvre à ta louange, éloigné du vulgaire,
Et qui ne suive point le ton accoutumé.

Purge-moi tout partout [10], le cœur, l'esprit et l'âme,
Et m'échauffe si bien de ta divine flamme,
Que je puisse montrer ce que je vais suivant,
Et que l'amour volant, qui jusqu'au ciel m'emporte
Après la beauté sainte, est bien d'une autre sorte
Que l'aveugle appétit qui nous va décevant [11].

NOTES

1. **Courage** pour **cœur.** — La Fontaine l'a encore employé dans ce sens :

> *Hier encor, ne pouvant maîtriser mon courage,*
> *Je dis sans y penser : Tout changement soulage ;*
> *Amour, viens me guérir par un autre tourment !*

> (Élégie IV. — A CLYMÈNE.)

2. **La mer.**

> *Je semble dépiter, naufrage audacieux,*
> *L'infortune, les vents, la marine et les cieux.*

> (RÉGNIER.)

3. OVIDE, Métamorphoses, fable I.

> *Quaque erat et tellus, illic et pontus et aer.*
> *. . . . . . . Quia corpore in uno*
> *Frigida pugnabant calidis, humentia siccis.*

4. **Lourde,** dans le sens de mal ordonnée, sans harmonie. C'est le *rudis indigestaque moles.*

5. OVIDE, Métamorphoses, fable I.

> *Dissociata locis concordi pace ligavit.*

6. Voir la note 1, même page.

7. « De temps immémorial, dit M. Sainte-Beuve, en citant ce vers, les poëtes français s'étaient arrogé quelques licences de langage, quelques privilèges d'élision, que Malherbe a cru devoir abolir. »

La villanelle était, comme son nom l'indique, une chanson pastorale, fort en vogue chez les vieux poëtes. Desportes nous en a laissé deux ou trois, toutes moins pastorales les unes que les autres, mais dont l'une, la villanelle à Rosette, est un petit chef-d'œuvre de sentiment et de grâce naïve. (Voir page 69.)

9. Piqûre, de poindre, piquer, qui se trouve dans l'une des strophes précédentes

Quelque objet que l'esprit par mes yeux se figure,
Mon cœur tendre à l'amour en reçoit la pointure.

(RÉGNIER, satire VII.)

10. Partout, en tous lieux. Le peuple se sert encore à Paris de cette vieille redon-dance.

11. Nous renvoyons les curieux aux poésies complètes pour les trois strophes que nous avons cru devoir retrancher de ce morceau.

SONNET

Voici du gai printemps l'heureux avénement,
Qui fait que l'hiver morne à regret se retire ;
Déjà la petite herbe, au gré du doux zéphyre
Navré de son amour, branle tout doucement ;

Les forêts ont repris leur vert accoutrement ;
Le ciel rit ; l'air est chaud ; le vent mollet soupire ;
Le rossignol e plaint, et, des accords qu'il tire,
Fait pâmer les esprit d'un doux ravisssement.

Le dieu Mars et l'Amour sont parmi la campagne :
L'un au sang des humains, l'autre en leurs pleurs se bagne [1] ;
L'un tient le coutelas ; l'autre porte les dards.

Suive Mars qui voudra, mourant entre les armes!
Je veux suivre l'Amour, et seront mes alarmes
Les courroux, les soupirs, les pleurs et les regards.

NOTE

Lisez : se baigne.

CHANSON

A Diane

Un doux trait de vos yeux, ô ma fière déesse,
    Beaux yeux, mon seul confort [1],
Peut me remettre en vie et m'ôter la tristesse
    Qui me tient à la mort :
Tournez ces clairs soleils et par leur vive flamme
    Retardez mon trépas ;
Un regard me suffit : le voulez-vous, madame?
    Non, vous ne voulez pas.

Un mot de votre bouche, à mon dam [2] trop aimable,

    Mais qu'il soit sans courroux,

Peut changer le destin d'un amant misérable,

    Qui n'adore que vous :

Il ne faut qu'un oui mêlé d'un doux sourire [3],

    Plein d'amours et d'appas ;

Mon Dieu! que de longueurs! Le voulez-vous point dire?

    Non, vous ne voulez pas.

Roche sourde à mes cris, de glaçons toute pleine!

    Ame sans amitié!

Quand j'étais moins brûlant, tu m'étais plus humaine

    Et plus prompte à pitié.

Cessons donc de l'aimer, et, pour nous en distraire,

    Tournons ailleurs nos pas ;

Mais peut-il être vrai que je le veuille faire?

    Non, je ne le veux pas.

NOTES

1. Secours, baume, consolation, tout ce qui fortifie, soit au moral, soit au physique. — On connaît ces beaux vers qui terminent la Macette de Régnier :

> *Et traîner sans confort, triste et désespérée,*
> *Une pauvre vieillesse et toujours altérée!*

2. De *damnum*, dommage. — On dit encore aujourd'hui : à leur dam, à votre dam.

3. C'est la contre-partie du doux nenny de Marot.

PRIÈRE AU SOMMEIL

Somme, doux repos de nos yeux,
Aimé des hommes et des dieux,
Fils de la Nuit et du Silence,
Qui peux les esprits délier,
Qui fais les soucis oublier,
Endormant toute violence!

Approche, ô Sommeil désiré!
Las! c'est trop longtemps demeuré :
La nuit est à demi passée,
Et je suis encore attendant
Que tu chasses le soin mordant,
Hôte importun de ma pensée.

Clos mes yeux, fais-moi sommeiller!
Je t'attends sur mon oreiller,
Où je tiens la tête appuyée ;
Je suis dans mon lit sans mouvoir,
Pour mieux ta douceur recevoir,
Douceur dont ¹ la peine est noyée.

Hâte-toi, Sommeil, de venir!
Mais qui te peut tant retenir?
Rien en ce lieu ne te retarde :
Le chien n'aboie ici autour ;
Le coq n'annonce point le jour ;
On n'entend point l'oye ² criarde.

Un petit ruisseau doux-coulant
A dos rompu ³ se va roulant,
Qui t'invite de son murmure,
Et l'obscurité de la nuit,
Moite, sans chaleur et sans bruit,
Propre au repos de la nature.

Chacun, fors que moi seulement,
Sent ore ⁴ quelque allégement
Par le doux effort de tes charmes ;
Tous les animaux travaillés ⁵
Ont les yeux fermés et sillés ⁶ ;
Seuls les miens sont ouverts aux larmes.

Si tu peux, selon ton désir,
Combler un homme de plaisir,
Au fort d'une extrême tristesse,
Pour montrer quel est ton pouvoir,
Fais-moi quelque plaisir avoir,
Durant la douleur qui m'oppresse !

Si tu peux nous représenter
Le bien qui nous peut contenter,
Séparé de longue distance,
O Somme doux et gracieux,
Représente encore à mes yeux
Celle dont je pleure l'absence !

Que je voie encor ces soleils,
Ces lys et ces boutons vermeils,
Ce port plein de majesté sainte !
Que j'entr'oie ? encor ces propos,
Qui tenaient mon cœur en repos,
Ravi de merveille et de crainte !

Le bien de la voir tous les jours
Autrefois était le secours
De mes nuits alors trop heureuses :
Maintenant que j'en suis absent,
Rends-moi, par un songe plaisant,
Tant de délices amoureuses !

Si tous les songes ne sont rien,
C'est tout un : ils me plaisent bien ;
J'aime une telle tromperie.
Hâte-toi donc pour mon confort [8] !
On te dit frère de la Mort :
Tu seras père de ma vie.

Mais, las! je te vais appelant,
Tandis que la nuit s'envolant
Fait place à l'aurore vermeille.
O Amour, tyran de mon cœur,
C'est toi seul qui, par ta rigueur,
Empêches que je ne sommeille.

Hé! quelle étrange cruauté!
Je t'ai donné ma liberté,
Mon cœur, ma vie et ma lumière,
Et tu ne veux pas seulement
Me donner, pour allégement,
Une pauvre nuit tout entière!

NOTES

1. Dont : par laquelle, comme dans ces vers de la fable

Il a la voix perçante et rude,
Sur la tête un morceau de chair,
Une sorte de bras dont il s'élève en l'air.

2. Nous avons gardé ici l'y que ce mot prenait du temps de Desportes, à cause de la prononciation exigée par la mesure du vers ; l'y après une voyelle tenant la place de deux *i*, il faudrait prononcer : oueille, et reconnaître, avec M. Sainte-Beuve, que Malherbe « a eu raison d'ordonner l'élision de l'*e* muet final précédé d'une voyelle, comme dans les mots : vie, joie, qu'on pouvait faire avant lui de deux syllabes. » (Poésie française au XVIᵉ siècle.)

3. Avec caprice, en faisant des détours, à peu près comme on dit encore : bâtons rompus.

4. Maintenant.

5. Fatigués.

6. Fermés. RÉGNIER, Élégie II :

> Mes yeux toujours pleurants, de tourments éveillés
> Depuis d'un bon sommeil ne se sont vus sillés.

7. Que j'entende, du verbe entr'ouïr.

8. Voir la note 1, page 14.

SONNET

A Diane

Aimons-nous, ma déesse, et montrons à l'épreuve
Qu'une si belle ardeur ne se peut allumer !
Notre amour s'en fera d'autant plus estimer,
Qu'en ce temps la constance en peu d'amants se treuve [1].

Bien que le ciel, l'envie et la fortune pleuve [2]
Sur nous tout ce qu'ils ont d'angoisseux et d'amer,
Jamais ils ne pourront nos cœurs désenflammer ;
Le temps même en passant rendra notre amour neuve.

Lisant en votre cœur, j'y verrai mon vouloir ;

Ce sera même ennui qui nous fera douloir [3],

Et ne garderons rien que nous nous voulions taire ;

Nous n'aurons en deux corps qu'un esprit seulement ;

Car l'amour si commune est comme un diamant,

Qui demeure sans prix aux mains du populaire.

NOTES

1. Lisez : se trouve. (Voir LA FONTAINE, l'Ivrogne et sa femme.)

2. Ce verbe, au singulier après trois sujets, est une de ces licences de langage dont parle M. Sainte-Beuve (voir la note 7, page 8). Une licence toute contraire se trouve dans Jocelyn ; mais celle-là est si forte qu'elle n'a pu être commise que par une distraction du poète :

> Oui, ces bras dont l'étreinte, ô ma fille, ô ma sœur,
> Vont, en se refermant, te sceller sur mon cœur.
>
> (JOCELYN. — 6ᵉ Époque, — 26 mars 1786.)

3. Du latin dolere, se plaindre. « Ce mot, qui n'est pas remplacé, dit M. Philarète Chasles, exprimait, non l'idée métaphysique de la souffrance, mais la sensation douloureuse ; le cœur qui se brise, et les larmes qui coulent. »

(Des variations de la langue française pendant le XVIᵉ siècle.)

DIALOGUE

DÉSPORTES.

Amour, âme des cœurs, esprit des beaux esprits,
Je te conjure, enfant, par ta mère Cypris,
Par ton arc, par tes traits, par ta plus chère flamme,
Par ces yeux où, si fier, tu sieds en majesté,
Par les cris et les pleurs, fruits de ma loyauté,
De dire, à ce départ, un adieu à ma dame:

AMOUR.

Que veux-tu que je die? Hé! te vaut-il pas mieux,
Toi-même, en distillant ta douleur par tes yeux,
La baiser doucement et prendre congé d'elle?
Tes pleurs, ta contenance et la triste langueur
Qui se lit sur ton front contraindront sa rigueur,
Si son cœur n'est cruel autant comme elle est belle.

DESPORTES.

Las! Amour, je ne puis : le coup que je reçoi,
M'éloignant de ses yeux, me met si hors de moi,
Que ma langue ne peut former une parole;
Je ne fais que crier, gémir et soupirer.
Les petites douleurs se peuvent déclarer,
Mais non le désespoir qui rend mon âme folle.

AMOUR.

Bien donc; puisqu'il te plaît, je m'en vais la trouver;
Mais je me veux armer, afin de n'éprouver
Ses yeux, qui tant de fois m'ont jà pensé contraindre :
Tes tourments me font peur d'essayer leur effort [1].
Conte-moi cependant quel est ton déconfort [2],
Et de quelles rigueurs pour toi je me dois plaindre.

DESPORTES.

Amour, roi des esprits à ton gré fléchissants,
Qui lui peut mieux conter les douleurs que je sens
Que toi, qui les fais naître en mon âme captive?
Qui lui peut mieux montrer ma constance et ma foi
Que sa rigueur extrême, et qui peut mieux que toi
Amollir cette dame, ains ³ cette roche vive?

Dis-lui le désespoir où je me vois réduit,
Or' ⁴ qu'un départ forcé loin d'elle me conduit,
Et qu'une mort prochaine est ma seule espérance;
Après conjure-la, par ma ferme amitié
Et par ses doux regards qui promettent pitié,
Qu'elle ait aucune fois de mon deuil souvenance.

Comme aussi, de ma part, je ne veux rien penser,
Entreprendre, inventer, parfaire ou commencer,
Exilé de ses yeux, qu'en sa seule mémoire,
N'écrivant un seul vers qui n'ait pour argument
Mes désirs sans espoir, ma constance au tourment,
Sa vertu, ses beautés, son mérite et sa gloire.

Amour, tu lui diras, pour mes maux enchanter,
Qu'elle a mille moyens de se représenter
Quelle sera ma vie en ténèbres laissée,

2

Soit en voyant le ciel, l'air, la terre ou les eaux,
Soit oyant dans un bois le doux chant des oiseaux :
L'image de ma peine en tous lieux est tracée.

Est-elle en un taillis, à l'écart, quelquefois?
Qu'elle pense me voir, au plus secret d'un bois,
Découvrant mes ennuis aux buissons et aux arbres ;
Voit-elle un haut rocher ou un vieux bâtiment?
Qu'elle pense me voir, par mon deuil véhément,
Attendrir de pitié les rochers et les marbres.

Bref que ses yeux si clairs ne puissent plus rien voir,
Qu'aussitôt ma douleur ne la vienne émouvoir
Et n'arrache un soupir de son âme cruelle;
Car, si par son départ je dois tant endurer,
Quel bien, pour mon salut, puis-je, hélas! désirer.
Fors qu'elle ait sentiment du mal que j'ai pour elle [5]?

NOTES

1. La vue de tes tourments fait que je tremble à l'idée de supporter l'attaque de ses regards.

2. Quelle est ta peine

3, Mais plutôt.

> *Digne non de risée, ains de compassion.*
>
> (Régnier.)

Abréviation de ores ou ore, maintenant.

> *Ores que la justice ici-bas descendue,*
> *Aux petits comme aux grands par tes mains est rendue.*
>
> (Régnier, — Discours au roi.)

Une strophe a été retranchée de cette pièce.

COMPLAINTE

La terre, naguère glacée,
Est ore [1] de vert tapissée;
Son sein est embelli de fleurs;
L'air est encore amoureux d'elle
Le ciel rit de la voir si belle,
Et moi, j'en augmente mes pleurs.

Des oiseaux les bandes légères
Renforçant leurs voix ramagères,
Donnent l'âme aux bois et aux champs :
Leur doux bruit réveille ma peine,
Et les plaintes de Philomène [2]
Me sont au cœur glaives tranchants.

O belle jeunesse du monde,
Des désirs la source féconde,
Mère des nouvelles amours,
De tout l'univers reconnue,
Que me sert ta douce venue,
Si mon hiver dure toujours?

Reine des fleurs et de l'année,
Toujours pompeuse et couronnée,
Doux soulas [3] des cœurs oppressés,
Partout où tes grâces arrivent,
Les jeux et les plaisirs te suivent :
Les miens, où les as-tu laissés?

Quand je vois tout le monde rire,
C'est lors qu'à part je me retire,
Tout morne, en quelque lieu caché,
Comme la veuve tourterelle,
Perdant sa compagne fidèle,
Se branche sur un tronc séché.

Le soleil jamais ne m'éclaire ;
Toujours une horreur [4] solitaire
Couvre mes yeux de son bandeau ;
Je ne vois rien que des ténèbres ;
Je n'entends que des cris funèbres
Je n'aime rien que le tombeau.

Que n'ai-je tes guides fidèles,
Tes passes et tes colombelles
Et ton char, divine Cypris,
Afin qu'en dépit de l'envie
Je puisse voler à ma vie,
Et au lieu qui clôt mes esprits!

Mais sans fruit j'invoque, en ma peine,
Des amours la reine inhumaine,
Recours peu fidèle aux amants :
Le ciel est sourd à mes complaintes,
Et toutes ses déités saintes
Ne sont que vains amusements.

La Parque aux traits inévitables
Seule est propre aux maux incurables :
Viens donc, ô pâle déité!
Tu n'as autels ni sacrifices ;
Mais, si tes dards me sont propices,
Mourant, je loûrai ta bonté [5].

NOTES

1. Voir la note 4, page 19.

2 Au lieu de Philomèle, pour la rime.

3. Soulagement, consolation. LA FONTAINE, dans Joconde :

Chaque époux, s'attachant auprès de sa moitié,
Vécut en grand soulas, en paix, en amitié.

4. Dans le sens de ténèbres, source d'effroi, comme dans le vers de Racine

C'était pendant l'horreur d'une profonde nuit.

Lamartine a dit de même :

La nuit est ton séjour, l'horreur est ton domaine.

5. Plusieurs strophes ont été retranchées de cette pièce, beaucoup plus longue et moins pure dans les œuvres complètes.

SONNET

A Diane

Lettres, le seul repos de mon âme agitée,
Hélas! il le faut donc me séparer de vous,
Et que, par la rigueur d'un injuste courroux,
Ma plus belle richesse ainsi me soit ôtée!

Ah! je mourrai plutôt, et ma dextre [1] indomptée
Fléchira par mon sang le ciel traître et jaloux,
Que je m'aille privant d'un bien qui m'est si doux;
Non! je n'en ferai rien; la chance en est jetée!

Il le faut toutefois : elle les veut ravoir,

Et de lui résister je n'ai cœur ni pouvoir ;

A tout ce qu'elle veut mon âme est trop contrainte.

O beauté sans arrêt [2], mais trop ferme en rigueur.

Tiens, reprends tes papiers et ton amitié sainte,

Et me rends mon repos, ma franchise et mon cœur !

NOTES

1. Vieux mot; du latin *dextra*, main droite, et main, par extension. BOILEAU dans le Lutrin :

> *Il tire du manteau sa dextre vengeresse ;*
> *Il part, et de ses doigts saintement allongés*
> *Bénit tous les passants en deux files rangés.*

2. Sans arrêt, suivant M. Michiels, signifie : « que rien n'arrête, à laquelle rien ne résiste. » Nous pensons que le sens est plutôt : « qui ne sait pas rester, s'arrêter en un lieu, être constante. » Et ce qui nous fait penser cela, c'est d'abord l'idée générale du sonnet; c'est ensuite l'antithèse que formerait ce dernier sens avec la fin du vers : « mais trop ferme en rigueur. » On sait en effet que Desportes et les poëtes de son temps n'étaient que trop portés à « ravauder l'oripeau qu'on appelle antithèse. » Nous lisons donc comme s'il y avait : « O beauté trop peu ferme en constance, mais trop ferme en rigueur. » Voyez d'ailleurs à la note 2, page 103, la signification du mot : arrêtée.

DIALOGUE

PHILIPPE.

Doncque ces yeux bien aimés
A la fin se sont armés
De feux, d'éclairs et d'orage!
Donc, pour ne voir le tourment
Qui me presse injustement,
Vous détournez le visage!
Dieu! que la femme est prompte à changer de courage ¹!

DIANE.

Donc, pour loyer d'amitié,

O cœur plein de mauvaistié [2],

Tu te plais quand tu m'abuses !

Et, couvrant ta fausseté,

Tu penses que ma bonté

Toujours se paye [3] d'excuses!

Mais, pour te croire plus, je connais trop tes ruses.

PHILIPPE.

Hélas! où prenez-vous ce courroux véhément

Contre un qui ne veut rien que vous rendre servie?

DIANE.

Mais toi-même, où prends-tu ce nouveau changement,

S'il est vrai que je t'aime et que tu sois ma vie?

PHILIPPE.

A bon droit les siècles vieux

Nous ont peint Amour sans yeux,

Montrant comme il se doit croire :

Trop d'ardeur le plus souvent,

Nos sentiments décevant,

En rapporte la victoire,

Et fait juger le blanc être une couleur noire.

DIANE.

L'ardeur ne m'aveugle en rien ;
Ce qui est, je le vois bien :
Je trouve chaude la flamme ;
Le jour me semble luisant,
Et ne faux point en disant
Qu'Amour ne loge en ton âme,
Ou, s'il te va brûlant, c'est pour une autre dame.

PHILIPPE.

Puissé-je à découvert mon cœur vous faire voir !
Votre image, sans plus, s'y trouverait empreinte [.]

DIANE.

Mais puissé-je aussitôt guérison recevoir
Au mal que tu me fais, comme je sais ta feinte!

PHILIPPE.

Quelle preuve ou quelle foi
Vous puis-je donner de moi,
Qui ces créances efface?

DIANE.

Rien ne saurait m'assurer :
Car quelle foi peut jurer
Un cœur si plein de fallace [5],
En qui jamais l'amour ni la foi n'eurent place?

PHILIPPE.

La mort, que je sens venir
Pour mes angoisses finir,
Vous montrera le contraire.

DIANE.

Ah! trompeur! tu vas pensant
Que ce propos soit puissant
Pour adoucir ma colère?
Je connais ta feintise et ta ruse ordinaire.

PHILIPPE.

Puissé-je donc mourir, si j'aime autre que vous!

DIANE,

Les serments amoureux ne font moindre l'offense!

PHILIPPE.

Qui peut donc apaiser votre injuste courroux?

DIANE.

Le désir espéré d'une prompte vengeance.

PHILIPPE.

Modérez cette fureur :
Il n'y a si grande erreur
Qu'une forte amour n'oublie.

DIANE.

Mais il n'est amour si fort,
Quand souvent on lui fait tort,
Qui ne se change en furie :
Grande amour en grand'haine est souvent convertie.

PHILIPPE.

Les courroux des vrais amants
Font par leurs embrasements
Que l'amour plus fort s'enflamme.

DIANE.

Hélas! je l'éprouve assez ;
Car tant d'outrages passés,
Au lieu d'éteindre ma flamme,
La font plus violente et plus vive en mon âme.

PHILIPPE.

Quelle preuve, ô mon bien, m'en peut rendre assuré ?
Comment croirai-je, hélas! que votre ire.[6] est passée ?

DIANE.

Vous redonnant mon cœur, que j'avais retiré,
Et n'aimant rien que vous, qui m'aviez délaissée.

NOTES

1. Voir la note 1, page 8.

2. Malice, méchanceté. MAROT, dans son Enfer :

> *Là, en public, on manifeste et dit*
> *La mauvaistié de ce monde maudit.*

On trouve ce mot écrit de trois façons différentes : mauvaitié, mauvaistié, mauvaisetié.

3. Voir la note 2, page 19.

4. MAROT, Élégie XVI :

> *Si vos yeux clairs plus que ce cristallin (miroir)*
> *Voyaient mon cœur féal et non malin,*
> *Ils trouveraient là dedans imprimée*
> *Au naturel votre face estimée.*

5. Tromperie. RÉGNIER, Satire VII :

> *D'une simple innocence elle adoucit sa face*
> *Elle lui mit au sein la ruse et la fallace.*

6. Colère, du latin *ira*.

CONTRE UNE NUIT TROP CLAIRE

O nuit, jalouse nuit, contre moi conjurée,
Qui renflammes le ciel de nouvelle clarté,
T'ai-je donc aujourd'hui tant de fois désirée,
Pour être si contraire à ma félicité?

Pauvre moi! je pensais qu'à ta brune rencontre
Les cieux d'un noir bandeau dussent être voilés;
Mais, comme un jour d'été, claire, tu fais ta montre [1],
Semant parmi le ciel mille feux étoilés.

Et toi, sœur d'Apollon, vagabonde courrière,
Qui, pour me découvrir, flambes si clairement,
Allumes-tu la nuit d'aussi grande lumière,
Quand sans bruit tu descends pour baiser ton amant?

Hélas! s'il te souvient, amoureuse déesse,
Et si quelque douceur se cueille en le baisant,
Maintenant que je sors pour baiser ma maîtresse,
Que l'argent de ton front ne soit pas si luisant!

Ah! la Fable a menti : les amoureuses flammes
N'échauffèrent jamais ta froide humidité;
Mais Pan, qui te connut du naturel des femmes,
T'offrant une toison, vainquit ta chasteté. [2]

Si tu avais aimé, comme on nous fait entendre,
Les beaux yeux d'un berger de long sommeil touchés [3],
Durant tes chauds désirs, tu aurais pu apprendre
Que les larcins d'amour veulent être cachés.

Mais flamboie à ton gré! que ta corne argentée
Fasse de plus en plus ses rais [4] étinceler!
Tu as beau découvrir : ta lumière empruntée
Mes amoureux secrets ne pourra déceler.

Que de fâcheuses gens, mon Dieu! quelle coutume
De demeurer si tard dans la rue à causer!
Otez-vous du serein; craignez-vous point le rhume?
La nuit s'en va passer : allez vous reposer.

Je vais, je viens, je fuis, j'écoute et me promène,
Tournant toujours mes yeux vers le lieu désiré ;
Mais je n'avance rien : toute la rue est pleine
De jaloux importuns, dont je suis éclairé.

Je voudrais être roi, pour faire une ordonnance
Que chacun dût, la nuit, au logis se tenir;
Sans plus, les amoureux auraient toute licence;
Si quelque autre faillait, je le ferais punir.

O somme, ô doux repos des travaux ordinaires,
Charmant par ta douceur les pensers ennemis,
Charme ces yeux d'Argus, qui me sont si contraires
Et retardent mon bien, faute d'être endormis!

Mais je perds, malheureux! le temps et la parole :
Le somme est assommé d'un dormir otieux [5] ;
Puis, durant mes regrets, la nuit prompte s'envole,
Et l'aurore déjà veut défermer les cieux.

3.

Je m'en vais pour entrer; que rien ne me retarde!
Je veux de mon manteau mon visage boucher;
Mais, las! je m'aperçois que chacun me regarde :
Sans être découvert, je ne puis approcher.

Je ne crains pas pour moi : j'ouvrirais une armée,
Pour entrer au séjour qui recèle mon bien;
Mais je crains que ma dame en pût être blâmée :
Son repos mille fois m'est plus cher que le mien.

Quoi! m'en irai-je donc? Mais que voudrais-je faire?
Aussi bien peu à peu le jour se va levant.
O trompeuse espérance! Heureux cil ⁶ qui n'espère
Autre loyer d'amour que mal, en bien servant! ⁷

NOTES

1. Tu fais ton apparition; tu étales ta splendeur. Cette expression est prise ici dans un sens pompeux, elle peint la majesté de la reine des nuits et l'éclat du cortége qui la suit dans sa marche triomphale.

2. C'est une troisième explication des vers de Virgile :

Munere sic niveo lanœ, si credere dignum est,
Pan, deus Arcadiœ, captam te, Luna, fefellit.

Pan, disent les uns, s'étant changé en bélier, séduisit la Lune par sa blancheur, et en fut aimé ; suivant les autres, ce fut en s'habillant de blanches toisons, pour lui paraître plus beau. — Le vers de Desportes est une troisième et, suivant nous, plus raisonnable traduction du mot *munus*.

3. « Comment mieux peindre, dit M. Sainte-Beuve, d'une seule touche courante, la beauté, la mollesse et la fleur amoureuse d'un Endymion couché ? Voilà un vers essentiellement poétique. Bertaut n'en a déjà plus de ces vers tout de poétique trame et de vraie peinture ; il n'a que bel esprit, raisonnement, déduction subtile : heureux quand il se rachète par du sentiment ! » — Nous voilà enfin bien loin de Boileau !

4. Ses rayons.

5. Voilà le plus mauvais vers et le plus inintelligible qui se puisse voir. Nous supposons cependant, sans rien affirmer, que le sens est : Mais je perds, malheureux ! le temps et la parole (à invoquer le sommeil en leur faveur). — Le sommeil est fâché contre eux parce qu'ils ont négligé de dormir, et, par conséquent, n'exaucera pas ma prière.

6. *Cil*, vieux mot, seul employé jusqu'en 1520. — A cette époque, d'après M. Ph. Chasles, *celui* commença à le remplacer et le fit bientôt proscrire. Marot, qui écrit presque toujours *celui*, a employé *cil* dans le sens de aucun :

> *Voilà comment pour la fort bonne grâce*
> *Il n'y a cil qui son souhait ne fasse*
> *D'être avec toi. . . .*

(Épître à la demoiselle négligente de venir voir ses amis.)

7. Tallemant, dans l'historiette qu'il a consacrée à Desportes : « Ce fut du temps qu'il était à ce prélat (l'évêque du Puy. — Voir la préface) qu'il commença à se mettre en réputation par une pièce de vers qui commence ainsi : O nuit, jalouse nuit !... — Il se garda bien de dire que ce n'était qu'une traduction, ou du moins une imitation de l'Arioste. On y mit un air, et tout le monde la chanta. » Pour être tout à fait juste envers Desportes, il faut ajouter avec M. Sainte-Beuve « que plusieurs des traits les plus heureux de sa chanson ne se rencontrent pas dans l'italien, et que, s'il n'est pas original, il est peut-être plus délicat :

> *Je ne crains pas pour moi : j'ouvrirais une armée*
> *Pour entrer au séjour qui recèle mon bien,*

n'appartient qu'à lui, aussi bien que ce délicieux vers :

> *Les beaux yeux d'un berger, de long sommeil touchés.* »

(Poésie française au XVIe siècle.)

BAISER

Fais que je vive, ô ma seule déesse !
Fais que je vive, et change ma tristesse
    En plaisirs gracieux ;
Change ma mort en immortelle vie,
Et fais, mon cœur, que mon âme ravie
    S'envole entre les dieux !.

Fais que je vive, et fais qu'à la même heure,
Baissant les yeux, entre tes bras je meure,
    Languissant doucement ;
Puis qu'aussitôt doucement je revive,
Pour amortir la flamme ardente et vive
    Qui me va consumant !

Fais que mon âme à la tienne s'assemble ;
Range nos cœurs et nos esprits ensemble,
Sous une même loi ;
Qu'à mon désir ton désir se rapporte ;
Vis dedans moi, comme en la même sorte
Je vivrai dedans toi !

Ne me défends ni le sein, ni la bouche ;
Permets, mon cœur, qu'à mon gré je les touche
Et baise incessamment,
Et ces beaux yeux, où l'amour se retire ;
Car tu n'as rien qui tien se puisse dire,
Ni moi pareillement

Mes yeux sont tiens ; des tiens je suis le maître ;
Mon cœur est tien ; le tien à moi doit être :
Amour l'entend ainsi ;
Tu es mon feu ; je dois être ta flamme ;
Et dois encor, puisque ie suis ton âme,
Être la mienne aussi.

Au paradis de tes lèvres décloses
Je vais cueillant de mille et mille roses
Le miel délicieux ;
Mon cœur s'y paît, sans qu'il se rassasie,
De la douceur d'une sainte ambroisie
Passant celle des cieux.

Je n'en puis plus : mon âme à demi folle,
En te baisant, par ma bouche s'envole [1],
    Dedans toi s'assemblant;
Mon cœur halette à petites secousses;
Bref, je me fons en ces liesses [2] douces,
    Soupirant et tremblant.

Parmi les fleurs de ta bouche vermeille,
Amour oiseau vole comme une abeille,
    Amour plein de rigueur,
Qui est jaloux des douceurs de ta bouche
Car, aussitôt qu'à tes lèvres je touche,
    Il me pique le cœur.

NOTES

1. Rufin, le poëte de l'Anthologie, nous a laissé, sur le baiser de sa mie Europe une épigramme, où se trouve la même pensée :

D'un baiser furieux pressant ma lèvre en flamme,
Jusques au dernier souffle elle aspire mon âme.

2. « Ce mot, dit M. Ph. Chasles, n'exprime pas la jouissance, la joie, ni un mouvement rapide de gaieté, mais une plénitude de satisfaction complète et la dilatation de l'être humain. »

3. De cette pièce nous avons enlevé quatre strophes qui l'auraient déparée, e pour lesquelles nous renvoyons les curieux aux poésies complètes.

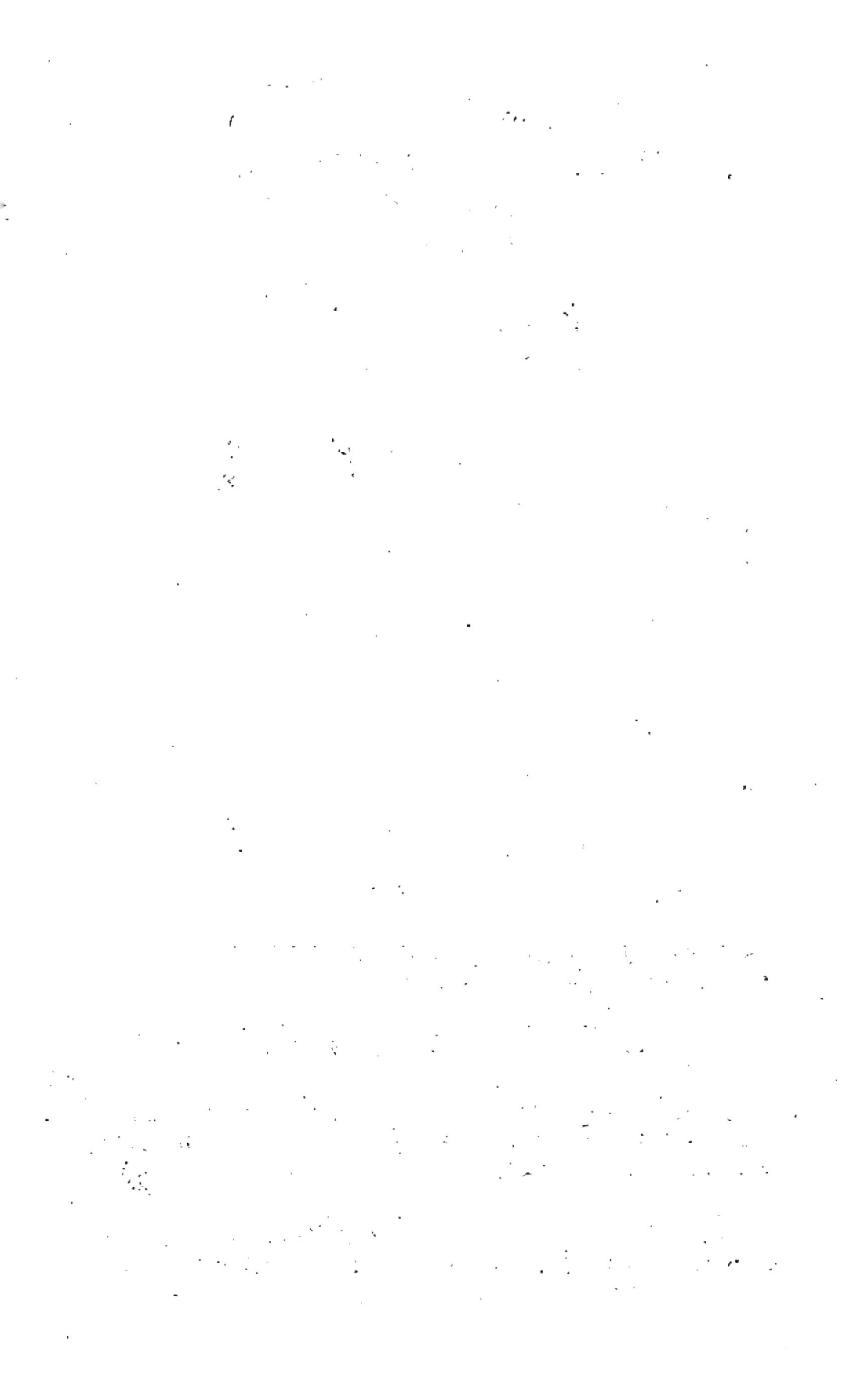

ÉLÉGIE

Vous, qui tenez ma vie en vos yeux prisonnière,
Et qui de mon amour fûtes l'âme première,
Oyez quelle est ma peine, et quelle froide peur
Me remplit de glaçons la poitrine et le cœur.
Ainsi votre beauté, qui peut guérir ma plaie,
Contre l'effort des ans toujours demeure gaie!
Dès le soir que je fus prendre congé de vous
Et de vos yeux divins si cruellement doux [1],
Pour retourner en France, hélas! dès l'heure même,
En vous abandonnant, je devins froid et blême,
Prévoyant le malheur qui devait m'advenir
Et ce qu'il me faudrait sans raison soutenir.

Je jugeais qu'un amour si comblé de liesse [2]
N'était pour demeurer toujours franc de tristesse ;
J'appréhendais le change, et que le cours du temps
Fît voir qu'il est vainqueur des desseins plus constants ;
Je redoutais l'absence, aux amants si contraire :
Loin des yeux, loin du cœur ; c'est la règle ordinaire.
Mais surtout je craignais la couverte poison [3]
De ceux qui sont jaloux de ma chère prison,
Qui m'en portent envie, et qui se font accroire
Que votre affection m'élève à quelque gloire.
Toutefois ces frayeurs, qui l'esprit me gelaient,
Devant d'autres raisons faiblement s'écoulaient ;
Car, vous reconnaissant d'une humeur non commune,
Je défiais le temps, l'absence et la fortune,
Voire [4] et je m'assurais que, vous étant si cher,
Un seul trait des jaloux ne pourrait me toucher.
Mais, las ! que ma créance est follement trompée !

De cent mille faux bruits votre âme est occupée,
Et ce clair jugement, si ferme auparavant,
Douteux et chancelant, se tourne au premier vent ;
Vous croyez toute chose à mon dam [5] prononcée ;
L'excuse et la défense est de vous repoussée,
Et, pleine d'injustice autant que de beauté,
Vous me dépossédez du bien qu'ai mérité.

Je sais qu'on vous a dit que, depuis mon absence,
Une beauté nouvelle avait sur moi puissance,

Que j'aime en mille lieux, volagement constant,
Et, selon les objets, je me change à l'instant.
Las! si vous le croyez, c'est faute de connaître
Avec quelles beautés le ciel vous a fait naître ;
Vu que l'objet luisant de votre œil radieux
Fait que tout autre jour semble faible à mes yeux,
Et que si chère image empreinte en ma pensée
Rendrait la beauté même auprès d'elle effacée.

Voilà quelle est ma vie, et comme je ne puis
Ni ne veux m'affranchir des prisons où je suis.
Ne m'accusez donc point si je hante les belles;
Car, j'en jure vos yeux, je vous adore en elles.
Hé! n'est-il pas permis? Est-ce passer en rien
Les saintes lois d'amour, qui les cœurs connaît bien?

Nous prenons bien plaisir à voir une peinture,
Et l'azur émaillé de la belle verdure,
Les feuilles des forêts et les vives couleurs
De l'amoureux printemps tout couronné de fleurs;
Pourquoi donc, sottement, ferions-nous moins de compte
D'une jeune beauté, qui tout printemps surmonte,
Qui sait que c'est amour, qui peut en discourir,
Qui sait par un clin d'œil faire vivre et mourir ?

Dites-moi seulement si vous avez envie
Que je passe tout seul le reste de ma vie,

Ennuyeux, mal plaisant, muet, aveugle et sourd :
On me verra sur l'heure abandonner la cour ;
Du Louvre et de Paris je perdrai la mémoire,
Et, possédé sans plus d'une tristesse noire,
Je n'aurai dans l'esprit que desseins furieux ;
Rien qu'objets déplaisants ne plairont à mes yeux,
Et, m'éloignant du monde, afin de vous complaire,
Je vivrai dans un antre, ermite solitaire,
Et, prenant vos rigueurs pour sujet de ma voix,
Je redirai sans cesse aux rochers et aux bois
Que la fortune seule en amour est puissante,
Et qu'il ne sert de rien d'avoir l'âme innocente.

Mais vous pouvez bien mieux, (joint que la cruauté
Accompagnerait mal votre jeune beauté),
Vous pouvez d'un regard, d'un ris, d'une parole,
Chasser bien loin de moi le souci qui m'affole,
Ainsi que du soleil les rayons élancés
Écartent çà et là les brouillards amassés
De l'épaisse bruïne, et comme la lumière
Epart [6] l'obscurité de la nuit coutumière.

Je suis hors de frayeur, s'il vous plaît seulement
Ne donner, sans m'ouïr, un trop prompt jugement,
Ainçois [7] que vous mettiez en égale balance,
D'une part, vos rigueurs et ma longue souffrance,
Ce que j'ai fait paroir [8] de courage et de foi,
Depuis que je fais joug sous la puissante loi

De vos fières beautés ; puis, en l'autre partie,

Mettez les faux propos qui vous ont subvertie,

La foi des rapporteurs, quelle est leur volonté,

Ce qu'ils ont par service envers vous mérité,

S'ils ont dedans le cœur l'envie et la feintise,

Et quelle passion leurs courages [9] attise :

Vous connaîtrez alors si jamais j'entrepris

Acte dont justement je pusse être repris,

Et si mon cœur se deult [10] d'autre playe [11] mortelle

Que du coup qu'il reçut, quand je vous vis si belle [12].

NOTES

1. Ronsard a dit avec une grâce moins affectée :

> *Hier vous souvient-il qu'assis auprès de vous,*
> *Je contemplais vos yeux si cruels et si doux ?*

2. Voir la note 2, page 51.

3. Le mot poison était autrefois féminin. En beaucoup d'endroits, le peuple lui a conservé son premier genre.

4. « Voire, dit M. Ph. Chasles, explétif assez inutile, se perd vers 1601 » (Variations de la langue française). Ce qui n'empêche pas qu'on ne s'en serve encore tous les jours.

5. Voir la note 2, page 14.

6. Disperse, dissipe, — de *partiri*, partager, séparer.

Ains, ainçois : mais, mais plutôt.

Paraître. — On dit encore en termes de palais : apparoir et comparoir.

9. Voir la note 1, page 8.

10. Se plaint. Du verbe se douloir.

> *Femme se plaint, femme se deult,*
> *Femme pleure quand elle veut.*

> (Ancien proverbe.)

11. Voir la note 2, page 19.

12. Deux passages ont été retranchés de cette pièce.

ADIEU A LA POLOGNE

Adieu, Pologne; adieu, plaines désertes,
Toujours de neige ou de glace couvertes;
Adieu, pays, d'un éternel adieu!
Ton air, tes mœurs m'ont si fort su déplaire,
Qu'il faudra bien que tout me soit contraire,
Si jamais plus je retourne en ce lieu.

Adieu, maisons d'admirable structure;
Poëles, adieu, qui, dans votre clôture,
Mille animaux pêle-mêle entassez,
Filles, garçons, veaux et bœufs tout ensemble!
Un tel ménage à l'âge d'or ressemble,
Tant regretté par les siècles passés.

Quoi qu'on me dît de vos mœurs inciviles,
De vos habits, de vos méchantes villes,
De vos esprits pleins de légèreté,
Sarmates fiers, je n'en voulais rien croire,
Ni ne pensais que vous pussiez tant boire :
L'eussé-je cru sans y avoir été ?

Barbare peuple, arrogant et volage,
Vanteur, causeur, n'ayant rien que langage,
Qui, jour et nuit, dans un poële enfermé,
Pour tout plaisir, se joue avec un verre,
Ronfle à la table, ou s'endort sur la terre,
Puis comme un Mars veut être renommé !

Ce ne sont pas vos grand's lances creusées [1],
Vos peaux de loup, vos armes déguisées,
Où maint plumage et mainte aile s'étend,
Vos bras charnus, ni vos traits redoutables,
Lourds Polonais, qui vous font indomptables :
La pauvreté seulement vous défend [2].

Si votre terre était mieux cultivée,
Que l'air fût doux, qu'elle fût abreuvée
De clairs ruisseaux, riche en bonnes cités,
En marchandise, en profondes rivières,
Qu'elle eût des vins, des ports et des minières,
Vous ne seriez si longtemps indomptés.

Les Ottomans, dont l'âme est si hardie,
Aiment mieux Chypre ou la belle Candie,
Que vos déserts presque toujours glacés,
Et l'Allemand, qui les guerres demande,
Vous dédaignant, court la terre Flamande,
Où ses labeurs sont mieux récompensés.

Neuf mois entiers, pour complaire à mon maître,
Le grand Henri [3], que le ciel a fait naître
Comme un bel astre aux humains flamboyant,
Pour ce désert j'ai la France laissée,
Y consumant ma pauvre âme blessée,
Sans nul confort [4], sinon qu'en le voyant.

Fasse le ciel que ce valeureux prince
Soit bientôt roi de quelque autre province,
Riche de gens, de cités et d'avoir,
Que quelque jour à l'empire il parvienne,
Et que jamais ici je ne revienne,
Bien que mon cœur soit brûlant de le voir [5] !

NOTES

1. Cannelées.

2. *La pauvreté garde ceux qui n'ont rien.*

(VICTOR HUGO. — Les Malheureux.

3. Henri III. — Voir la vie de Desportes en tête du volume.

4. Voir la note 1, page 11.

5. « Après neuf mois de séjour maudit, Desportes, dit M. Sainte-Beuve, quitta cette contrée, pour lui trop barbare, avec un adieu de colère. Dans le siècle suivant, Marie de Gonzague appelait à elle, en Pologne, le poëte Saint-Amand, qui ne s'y tint pas davantage. Bernardin de Saint-Pierre, plus tard, a réparé ces injures, et, tout comblé d'une faveur charmante, il a laissé à ces forêts du Nord des adieux attendris. »

MASCARADE DES CHASSEURS [1]

I

Nous sommes six chasseurs de la belle Cypris,
Nourris en ses forêts de Paphos et d'Eryce,
Entre les jeux mignards, où nous avons appris
Dè nature et d'amour le plaisant exercice,
Qui, par divers sentiers et par lieux inconnus,
En chassant jour et nuit, sommes ici venus,
Bien fournis de courtauds, [2] de limiers et de toiles [3],
Pour chasser aux forêts des jeunes damoiselles.

II

On dit que leurs taillis sont assez fréquentés,
Et que tout ce terroir est fort propre à la chasse ;
Les piqueurs seulement ne sont pas bien montés ;
Leurs courtauds et leurs chiens sont de mauvaise race ;
Ils n'ont jamais appris comme l'on doit chasser,
Faire enceinte aux devants, rembûcher et lancer,
Réquêter, redresser, mettre bien sa brisée [4] ;
Mais souvent redresser, c'est chose malaisée.

III

Ce n'est pas peu de cas de chasser comme il faut :
A la perfection mainte chose est requise ;
Les piqueurs bien rusés souvent sont en défaut,
Et, sans plus redresser, laissent leur entreprise.
Pour être bon chasseur, il faut premièrement
Être ferme et bien roide, et piquer vivement,
Garder l'ordre et le temps, et l'art, et la mesure,
Et non, comme les fous, courir à l'aventure.

IV

Il faut un bon limier, pénible [5] et poursuivant,
Nerveux, le rable gros et la narine ouverte,
Qui roidisse la queue et s'allonge en avant,
Sitôt qu'il sent la bête, ou qu'il l'a découverte ;

Et lors c'est le plaisir, quand un veneur parfait
Le sait tenir de court, ou lui lâcher le trait,
L'arrêter, l'échauffer, comme il a connaissance
Ou que la bête ruse, ou bien qu'elle s'avance.

V

Tous endroits pour courir ne sont pas approuvés,
Et chacune forêt n'est duisante [6] à la chasse :
Les champs marécageux, qui sont trop abreuvés,
Bien souvent à nos chiens ont fait perdre la trace ;
Les lieux, d'autre côté, raboteux et pierreux
Sont fâcheux à piquer et sont fort dangereux ;
Qui veut que, sans danger, le plaisir l'accompagne,
Il n'est que de chasser en la pleine campagne.

VI

Ces coteaux verdissants, en gazons relevés,
Qui commencent encore à pousser un herbage,
Des chasseurs bien experts les meilleurs sont trouvés ;
Mais ils veulent des chiens qui soient de grand courage :
Un chien faible de reins se rompt [7] soudainement ;
On a beau forhuir [8] et sonner hautement ;
Quand il a fait un cours [9], sa force diminue,
Et, sans plus requêter, il va branlant la queue.

4.

VII

Nos chiens ne sont pas tels ; mais, toujours vigoureux,
Échauffés du plaisir, vont supportant la peine :
Ils ne craignent l'hiver ni l'été chaleureux ;
Un cri les réjouit et les met en haleine;
Et, sans être en défaut, légers comme le vent,
Toujours bien ameutés, le droit ils vont suivant,
Et n'y a lieu si fort ni si serré bocage,
Qu'ils n'y mettent la tête et n'y trouvent passage.

VIII

Quel plaisir pensez-vous qu'un chasseur doit avoir,
Poursuivant finement une bête rusée,
Qui tournoie en son fort [10], pensant le décevoir,
Ou qui donne le change et fait sa reposée,
Quand, après grand travail, il la voit commencer
A se feindre le corps [11] et sa tête baisser,
Chanceler coup sur coup, à la fin renversée,
Tomber à sa merci, toute molle et lassée ?

IX

Dames, qui, par vos yeux amoureusement doux,
Rendez, comme il vous plait, une âme assujettie,
Sans perdre ainsi le temps, chassez avecque nous,
Et la chasse en commun vous sera départie.

Prêtez-nous seulement vos bois et vos forêts ;
Nous fournirons de chiens, de courtauds et de rêts,
Et, bien que sur nous seuls la peine soit remise,
Vous aurez le plaisir et le fruit de la prise.

NOTES

1. Ces sortes de pièces étaient récitées dans les ballets où l'on dansait en masque Les personnages de celui-ci étaient costumés en chasseurs.

2. L'édition de 1611 porte *courroux*, qui nous paraît être une faute d'impression.

3. Du temps de Desportes on prononçait : touèles.

4. Termes de chasse. — Faire enceinte : entourer un bois de rêts ou de toiles, de chasseurs ou de chiens. C'était la méthode antique.
— Rembûcher : suivre la voie jusqu'au sentier que le cerf a prise pour rentrer dans la forêt.
— Lancer : faire sortir la bête de sa reposée.
— Requêter : se remettre à la recherche du cerf qu'on a perdu.
— Redresser : forcer le cerf à reprendre la droite voie.
— Mettre sa brisée : couper et répandre des branches pour reconnaître l'endroit où l'on a détourné la bête.

5. Dur à la peine.

6. Convenable. — Du verbe duire.

> *Tout me convient, tout me plaît, tout me duit,*
>
> (VOLTAIRE.)

7. S'arrête.

8 Sonner du cor pour appeler les chiens.

9 Quand il a couru quelque temps.

10 Le fort d'une bête, en termes de vénerie, c'est le lieu de sa retraite.

11. Boiter faiblement.

VILLANELLE

Rosette, pour un peu d'absence,
Votre cœur vous avez changé,
Et moi, sachant cette inconstance,
Le mien autre part j'ai rangé.
Jamais plus beauté si légère
Sur moi tant de pouvoir n'aura ;
Nous verrons, volage bergère,
Qui premier s'en repentira.

Tandis qu'en pleurs je me consume,
Maudissant cet éloignement,
Vous, qui n'aimez que par coutume,
Caressiez un nouvel amant :

Jamais légère girouette
Au vent sitôt ne se vira ;
Nous verrons, bergère Rosette,
Qui premier s'en repentira.

Où sont tant de promesses saintes,
Tant de pleurs versés en partant ?
Est-il vrai que ces tristes plaintes
Sortissent d'un cœur inconstant ?
Dieu ! que vous êtes mensongère !
Maudit soit qui plus vous croira !
Nous verrons, volage bergère,
Qui premier s'en repentira.

Celui qui a gagné ma place
Ne vous peut aimer tant que moi,
Et celle que j'aime vous passe
De beauté, d'amour et de foi.
Gardez bien votre amitié neuve ;
La mienne plus ne varira ;
Et puis nous verrons à l'épreuve
Qui premier s'en repentira.

NOTE

1. Cette villanelle est, avec les stances contre une nuit trop claire, ce que l'on cite le plus volontiers de Desportes.

CHANSON

O bienheureux qui peut passer sa vie
Entre les siens, franc de haine et d'envie,
Parmi les champs, les forêts et les bois,
Loin du tumulte et du bruit populaire,
Et qui ne vend sa liberté pour plaire
Aux passions des princes et des rois !

Il n'a souci d'une chose incertaine ;
Il ne se paît d'une espérance vaine ;
Nulle faveur ne le va décevant ;
De cent fureurs il n'a l'âme embrasée,
Et ne maudit sa jeunesse abusée,
Quand il ne trouve à la fin que du vent ;

Il ne frémit, quand la mer courroucée
Enfle ses flots, contrairement poussée
Des vents émus, soufflans ¹ horriblement
Et, quand, la nuit, à son aise il sommeille,
Une trompette en sursaut ne l'éveille,
Pour l'envoyer du lit au monument ² ;

L'ambition son courage n'attise ³ ;
D'un fard trompeur son âme il ne déguise :
Il ne se plait à violer sa foi ;
Des grands seigneurs l'oreille il n'importune ⁴ ;
Mais, en vivant content de sa fortune,
Il est sa cour, sa faveur et son roi.

Je vous rends grâce, ô déités sacrées
Des monts, des eaux, des forêts et des prées ⁵,
Qui me privez de pensers soucieux,
Et qui rendez ma volonté contente,
Chassant bien loin la misérable attente
Et les désirs des cœurs ambitieux !

Dedans mes champs ma pensée est enclose ;
Si mon corps dort, mon esprit se repose ;
Un soin cruel ne le va dévorant ;
Au plus matin, la fraîcheur me soulage ;
S'il fait trop chaud, je me mets à l'ombrage,
Et, s'il fait froid, je m'échauffe en courant.

Si je ne loge en ces maisons dorées [6],
Au front superbe, aux voûtes peinturées
D'azur, d'émail et de mille couleurs,
Mon œil se paît des trésors de la plaine
Riche d'œillets, de lys, de marjolaine,
Et du beau teint des printanières fleurs.

Dans les palais enflés de vaine pompe,
L'ambition, la faveur qui nous trompe
Et les soucis logent communément ;
Dedans nos champs se retirent les fées,
Reines des bois, à tresses décoiffées,
Les jeux, l'amour et le contentement.

Ainsi vivant, rien n'est qui ne m'agrée :
J'ois [7] des oiseaux la musique sacrée,
Quand au matin ils bénissent les cieux,
Et le doux son des bruyantes fontaines,
Qui vont coulant de ces roches hautaines,
Pour arroser nos prés délicieux.

Que de plaisir de voir deux colombelles,
Bec contre bec, en trémoussant des ailes,
Mille baisers se donner tour à tour.
Puis, tout ravi de leur grâce naïve,
Dormir au frais d'une source d'eau vive,
Dont le doux bruit semble parle d'amour !

Que de plaisir de voir, sous la nuit brune,
Quand le soleil a fait place à la lune,
Au fond des bois les nymphes s'assembler,
Montrer au vent leur gorge découverte,
Danser, sauter, se donner cotte-verte [8],
Et sous leurs pas tout l'herbage trembler [9] !

Le bal fini, je dresse en haut la vue,
Pour voir le teint de la lune cornue,
Claire, argentée, et me mets à penser
Au sort heureux du pasteur de Latmie [10];
Lors je souhaite une aussi belle amie :
Mais je voudrais en veillant l'embrasser.

Ainsi, la nuit, je contente mon âme ;
Puis, quand Phœbus de ses rais [11] nous enflamme,
J'essaie encor mille autres jeux nouveaux ;
Diversement mes plaisirs j'entrelace :
Ore [12] je pêche, or' je vais à la chasse,
Et or' je dresse embuscade aux oiseaux.

Je fais l'amour ; mais c'est de telle sorte
Que seulement du plaisir j'en rapporte,
N'engageant point ma chère liberté ;
Et, quelques lacs que ce dieu puisse faire
Pour m'attraper, quand je m'en veux distraire,
J'ai le pouvoir comme la volonté.

Douces brebis, mes fidèles compagnes,

Hayes [13], buissons, forêts, prés et montagnes,

Soyez témoins de mon contentement!

Et vous, ô Dieux, faites, je vous supplie,

Que, cependant que durera ma vie,

Je ne connaisse un autre changement [14]!

NOTES

1. Il faudrait soufflant; mais, du temps de Desportes, les deux orthographes étaient également permises. En poésie, d'ailleurs, la règle n'est pas tellement absolue, que le sévère Boileau lui-même n'ait pu dire:

Et plus loin des laquais, l'un l'autre s'agaçants,
Font aboyer les chiens et jurer les passants.

2. Monument: tombeau. LA FONTAINE, dans la Matrone d'Éphèse:

C'était là le seul aliment
Qu'elle prît en ce monument.

Et ROUSSEAU, dans la cantate de Circé:

Les mânes effrayés quittent leurs monuments;

Toute cette strophe est la paraphrase des deux vers d'Horace:

Nec excitatur classico miles truci,
Nec horret iratum mare.

(Épode 2.)

3. L'ambition ne brûle pas son cœur.

4. Suite de la paraphrase d'Horace:

Forumque vitat et superba civium
Potentiorum limina.

5. Prée s'emploie en poésie, au lieu de pré, pour la rime. Ronsard parlant de poëtes :

> *Ils errent par les bois, par les monts, par les prées*
> *Et jouissent tout seuls des nymphes et des fées.*

Alfred de Musset, dans la Ballade à la lune

> *Et, suivant leurs curées*
> *Par les vaux, par les blés,*
> *Les prées,*
> *Les chiens s'en sont allés.*

6. Encore un souvenir d'Horace :

> *Non ebur, neque aureum*
> *Mea renidet in domo lacunar. . .*

(Livre II, ode 18.)

7. J'entends, du verbe ouïr.

8. Se donner cotte verte : se jeter dans l'herbe, par manière de plaisanterie.

9. Horace, livre I, ode 4 :

> *Jàm Cytherea choros ducit Venus, imminente lunâ,*
> *Junctæque Nymphis Gratiæ decentes*
> *Alterno terram quatiunt pede. . . . .*

10. Endymion, endormi sur le mont Latmos. On sait que la lune aimait « le beaux yeux du berger de long sommeil touchés. »

11. Voir la note 4, page 47

12. Voir la note 1, page 19.

13. Nous avons gardé à ce mot sa vieille orthographe pour mieux indiquer la prononciation que demande la mesure du vers. Voir la note 2, page 19.

14. On a coutume de comparer à cette délicieuse pièce les belles stances, un peu languissantes, de Racan, sur la retraite. Elles sont d'une morale plus élevée, il est vrai ; mais Desportes a pour lui la grâce, la pureté, la vive allure, toute la poésie enfin qui manque le plus souvent à son rival.

ÉPIGRAMME[1]

Je t'apporte, ô Sommeil, du vin de quatre années,
Du lait, des pavots noirs aux têtes couronnées :
Veuilles tes ailerons en ce lieu déployer,
Tant qu'Alison, la vieille accroupie au foyer,
Qui, d'un pouce-retors et d'une dent mouillée,
Sa quenouille chargée a quasi dépouillée,
Laisse choir le fuseau, cesse de babiller,
Et de toute la nuit ne se puisse éveiller,
Afin qu'à mon plaisir j'embrasse ma rebelle,
L'amoureuse Isabeau, qui soupire auprès d'elle [2].

NOTES

Épigramme est prise ici dans le sens que lui donnaient les Grecs. Ce sont, comme dit Vauquelin de la Fresnaye, « de petites images et gravures en la semblance de celles qu'on grave aux lapis, aux gemmes et calcédoines, pour servir « quelquefois de cachet. »

2. Cette petite pièce est sans contredit ce que Desportes nous a laissé de plus fini et de plus pur. Légère comme de l'Anacréon, ciselée comme une ode d'Horace, poétique et fraîche comme telle des fables du bonhomme, c'est une de ces œuvres exquises dont un Scaliger eût pu dire qu'il aimerait mieux l'avoir faite que de posséder un trône,

SONNET

Ah! mon Dieu, je me meurs! Il ne faut plus attendre
De remède à ma mort, si tout soudainement,
Phyllis, je ne te vole un baiser seulement,
Un baiser, qui pourra de la mort me défendre.

Certes je n'en puis plus, mon cœur : je le vais prendre!
Non ferai ; car je crains ton courroux véhément.
Quoi! me faudra-t-il donc mourir cruellement,
Près de ma guérison, qu'un baiser me peut rendre?

Mais, las! je crains mon mal en pourchassant mon bien.

Le dois-je prendre ou non? Pour vrai, je n'en sais rien ;

Mille débats confus agitent ma pensée :

Si je retarde plus, j'avance mon trépas.

Je le prendrai! Mais non, je ne le prendrai pas ;

Car j'aime mieux mourir que vous voir courroucée.

DISCOURS

Que faites-vous, mignons, mon désiré souci,
Le souci d'Apollon et des Muses aussi?
Amis, que j'aime mieux qu'une jeune pucelle
N'aime les belles fleurs de la saison nouvelle,
Ore ¹, que faites-vous à la suite du roi?
Est-il possible au moins qu'ayez souci de moi,
De moi, qui, chaque jour, au ciel rien ne demande
Que l'heur de tôt revoir une si chère bande?
Et, bien qu'absent de vous mille contentements
Chassent de mon esprit tous fâcheux pensements,
Je ne puis toutefois, quelque ébat qui me tienne,
Faire tant que toujours de vous ne me souvienne;

5.

Je ne rêve autre chose, et l'obstiné désir
Que j'ai de vous revoir amoindrit le plaisir
Dont je flatte ma vie, or' que la Chienne ardente
De chaleur et de soif à l'égal nous tourmente,
Et qu'au clair de la nuit les satyres cornus,
Les sylvains chèvre-pieds ² et les faunes tout nus
Virevoltent ³ en rond et font mille gambades,
Pour échauffer les cœurs des fuitives ⁴ naïades
Et des nymphes des bois, et or' que, sans cesser,
Le forgeron des dieux, hâtif, fait avancer,
Haletant et suant et tout couvert de poudre,
Le tonnerre grondant, les éclairs et la foudre.

Dès la pointe du jour, que l'aube qui reluit
A fait évanouir les frayeurs de la nuit,
Je choisis quelque mont dont la cime est hautaine,
Et, m'y traçant chemin, tout pensif, je ramène
Et tourne en mon esprit mille et mille discours
Des succès incertains de vos vaines amours :
Je crains la cruauté de vos fières maîtresses ;
J'ai part à vos soupirs ; je goûte vos tristesses,
Et tout ce qui vous vient d'amertume et de doux,
Fidèle compagnon, je le porte avec vous.

Un autre jour, plus gai, je m'en vais à la chasse ;
Je cherche un lièvre au gîte ou le suis à la trace,
Ou avecque les chiens, qui, de leurs longs abois,
Font éclater les monts, les rochers et les bois ;

Or', avec un autour, je fais tomber de crainte
L'innocente perdrix ; or', sous une voix feinte,
Je prends la simple caille, entr'imitant son chant ;
Quelquefois je retourne, avec le chien couchant,
Lui dresser autre embûche, et, le soir, je devise,
Quand elle est dans le plat, comme je l'ai surprise.

Puis, las de ce métier, j'en choisis un nouveau,
Et, garni de filets, je vais chasser sur l'eau
A la truite, à l'ombre [5], où si bien je m'éprouve [6],
Qu'un saumon quelquefois dans mes filets se trouve
Ore avecque la ligne et le traître hameçon,
Ore avecque le feu, je fais guerre au poisson ;
J'en sale une partie, et l'autre frais je mange,
Et mille fois le jour de passe-temps je change
Je fais faucher le foin, dont les diverses fleurs
Gisent également, veuves de leurs honneurs
Ore, demi lassé, je me couche sur l'herbe ;
Ore, plus ménager, j'aide à serrer la gerbe,
A faire des plongeons [7], à les bien entasser,
De crainte que le vent les fasse renverser ;
Si c'est un jour de fête ou de quelque reinage [8],
Ou qu'on chôme le jour d'un patron de village,
Je m'en vais à la danse, où courent à monceaux,
De tous les lieux prochains, les jeunes pastoureaux.

Mon Dieu ! que de plaisir de voir nos montagnères,
Blanches comme le lait, dispostement [9] légères,

Bondir en petits sauts, reculer, avancer,
Et de mille façons leurs branles compasser [10] !
Là le plus amoureux à qui mieux mieux s'efforce ;
Car Amour tout partout [11] fait connaître sa force,
Et travaille aussi bien à ranger sous ses lois
Les plus simples bergers, comme les plus grands rois.

Mais moi, qui n'ai senti la cuisante pointure [12]
De l'archer paphien, j'aime mieux la verdure,
L'ombrage et la fraîcheur des forêts et des bois,
Que les sauts et les jeux de tous ces villageois ;
Aussi, le plus souvent, tout seul je me retire
Au milieu d'un taillis, où je me mets à lire ;
Mais je n'ai commencé, qu'un sommeil gracieux
Me clôt, sans y penser, la paupière et les yeux.

O champs plaisants et doux ! O vie heureuse et sainte
Où, francs de tout souci, nous n'avons point de crainte
D'être accablés en bas, quand, plus ambitieux,
Et d'honneurs et de biens nous voisinons les cieux [13] ;
Où nous vivons contents, sans que de chaude rage
D'avancer en crédit nous brûle le courage [14] ;
Où nous ne craignons point l'effort des médisants ;
Où nous n'endurons point tant de propos cuisants ;
Où nous n'avons souci de tant nous contrefaire,
Et ployer le genou, même à notre adversaire ;

Où tant de vains pensers, d'erreurs, d'afflictions,

De veilles; de travaux, d'ennuis, d'ambitions,

De gênes, de regrets, de désirs, de misères,

De peurs, de désespoirs, de fureurs, de colères,

De remords inhumains et de soucis mordants,

Comme loups affamés, ne nous rongent dedans !

Voilà, mignons des dieux, les plaisirs qui me suivent,

Compagnon des sylvains qui par les forêts vivent ;

Voilà ce que je fais, or' que l'été brûlant

Toujours en s'avançant devient plus violent,

Et que Phébus, laissant le Lion effroyable,

Visitera bientôt la Vierge pitoyable [15].

Mais, tant d'heureux plaisirs qu'ici je puis avoir [16],

Sans regret j'abandonne, afin de vous revoir,

Et la beauté des champs, et l'abri des bocages,

Et la couleur des prés, et le frais des rivages ;

Car je vous aime plus cent mille et mille fois

Que les champs, que les prés, les rives et les bois [17].

NOTES

1. Voyez la note 1, page 19.

2. Aux pieds de chèvre : « *Et aures capripedum Satyrorum acutas,* » a dit Horace. Cette expression n'était pas un des moins bons emprunts que l'école de Ronsard eût faits aux langues anciennes. Malheureusement la réaction fut aveugle et proscrivit sans choix ni pitié.

3. Virevoltent : dansent en rond, tournent en sautant. Tout ce passage nous semble être une réminiscence d'Horace : on y trouve, un peu délayés, à la manière de Desportes, le *Faune, Nympharum fugientum amator*, et ces vers de l'ode 4 du livre I.

Dum graves cyclopum
Vulcanus ardens urit officinas.

4. Fugitive. Encore un mot regrettable pour les poëtes.

5. Ombre : espèce de truite.

6. Je m'essaie.

7. Mulons, tas de foin.

8. Pardon, foire, assemblée.

9. Dispos, léger, agile, s'écrivait autrefois dispost, d'où l'adverbe dispostement. Dispostement légères, c'est le *légère et court vêtue* du fabuliste.

10. Leurs branles compasser : mesurer leurs danses, danser sur telle ou telle mesure.

11. Voir la note 10, page 9.

12. Voir la note 9, page 9.

13. Le sens est : Nous n'avons point cette crainte d'être accablés en bas (d'être renversés), qui nous inquiète, quand, plus ambitieux, etc. . . . .

14. Voir la note 1, page 8. — Sans que le cœur nous brûle de chaude rage d'avancer en crédit.

15. C'est vers la fin d'août que le soleil laisse le signe du Lion, pour entrer dans celui de la Vierge.

16. Mais tout heureux que je sois ici.

17. Quelques vers ont été retranchés de ce charmant discours, adressé par Desportes à trois courtisans de ses amis : Nicolas, Bonnet et La Fallaise, sur le compte desquels nous avouons être dans la plus complète ignorance.

STANCES DU MARIAGE

I

De toutes les fureurs dont nous sommes pressés,
De tout ce que les cieux ardemment courroucés
Peuvent darder sur nous de tonnerre et d'orage,
D'angoisseuses langueurs, de meurtre ensanglanté,
De soucis, de travaux, de faim, de pauvreté,
Rien n'approche en rigueur la loi de mariage.

II

Dure et sauvage loi, nos plaisirs meurtrissant [1],
Qui, fertile, a produit un hydre renaissant [2]
De mépris, de chagrin, de rancune et d'envie ;
Du repos des humains l'inhumaine poison,
Des corps et des esprits la cruelle prison,
La source des malheurs, le fiel de notre vie !

III

On dit que Jupiter ayant, pour son péché,
Sur le dos d'un rocher Prométhée attaché,
Qui servait de pâture à l'aigle insatiable,
N'eut le cœur assouvi de tant de cruauté,
Mais voulut, pour montrer qu'il était dépité [3],
Rendre le genre humain de tout point misérable :

IV

Il envoya la femme aux mortels ici-bas,
Ayant dedans ses yeux mille amoureux appas
Et portant en la main une boîte féconde
Des semences du mal, les procès, le discord,
Le souci, la douleur, la vieillesse et la mort ;
Bref, pour douaire, elle avait tout le malheur du monde.

V

Vénus dessus son front mille beautés sema ;
Pithon d'autant d'attraits sa parole anima ;
Vulcain forgea son cœur ; Mars lui donna l'audace ;
Bref, le ciel rigoureux si bien la déguisa,
Que l'homme épris de flamme aussitôt l'épousa,
Plongeant en son malheur toute l'humaine race [4].

VI

De là le mariage eut son commencement,
Tyran injurieux, plein de commandement,
Que la liberté fuit comme son adversaire ;
Plaisant à l'abordée, à l'œil doux et riant,
Mais qui, sous beau semblant, traître, nous va liant
D'un lien que la mort seulement peut défaire.

VII

Il tient dessous ses pieds le repos abattu ;
De cordage et de fers son corps est revêtu ;
Le soin est à côté ; le travail le regarde,
La peur, la jalousie et le mal inconnu,
(Mal par opinion) qui rend l'homme cornu ;
Puis vient le repentir, chef de l'arrière-garde ;

VIII

Le deuil et les courroux après le vont suivant ;
Amour fuit, le voyant, léger comme le vent,
Bien que le nom d'amour masque sa tyrannie ;
Car ce puissant vainqueur et des dieux et des rois,
Magistrat souverain, n'est point sujet aux lois,
Et de toute sa cour la contrainte est bannie.

IX

Hélas! grand Jupiter, si l'homme avait erré,
Tu le devais punir d'un mal plus modéré,
Et plutôt l'assommer d'un éclat de tonnerre,
Que le faire languir durement enchaîné,
Hôte de mille ennuis, au deuil abandonné,
Travaillant son esprit d'une immortelle guerre!

X

On parle des enfers, où les maux sont punis,
(Un cruel magasin de tourments infinis!)
Du chien toujours béant, des sœurs pleines de rage ¹,
Des douleurs de Titye et des autres esprits ;
Mais je ne puis penser que ce soit rien au prix,
Ni qu'il y ait enfer si grand que mariage.

XI

Languir toute sa vie en obscure prison ;
Passer mille travaux ⁶ ; nourrir en sa maison
Une femme bien laide et coucher auprès d'elle ;
En avoir une belle et en être jaloux,
Craindre tout, l'épier, se gêner de courroux,
Y a-t-il quelque peine en enfer plus cruelle ?

XII

J tais tant de regrets, de soucis et d'ennuis,
Tant de jours ennuyeux, tant de fâcheuses nuits,
Tant de rapports semés, tant de plaintes amères :
Qui les pense nombrer aura plutôt compté
Les fleurettes de mai, les moissons de l'été,
Et des plaines du ciel les flambeaux ordinaires ?.

XIII

Hé donc! parmi ces maux, que n'avons-nous des yeux,
Pour connaître en autrui la vengeance des dieux,
Évitant sagement notre perte assurée?
Mais au fort du péril nous nous allons ruer ;
Nous forgeons, malheureux! le fer pour nous tuer,
Et buvons la poison par nos mains préparée [8].

XIV

Si d'un sommeil de fer nos yeux n'étaient pressés,
La noce seulement nous apprendrait assez
Quel heur et quel repos son lien nous apprête :
Le son des tambourins, les flambeaux allumés,
L'appareil, la rumeur, les bruits accoutumés,
N'est-ce un présage sûr de prochaine tempête?

XV

Écoutez ma parole, ô mortels égarés,
Qui dans la servitude aveuglément courez,
Et voyez quelle femme au moins vous devez prendre :
Si vous l'épousez riche, il se faut préparer
De servir, de souffrir, de n'oser murmurer,
Aveugle en tous ses faits et sourd pour ne l'entendre;

XVI

Dédaigneuse et superbe, elle croit tout savoir ;
Son mari n'est qu'un sot, trop heureux de l'avoir ;
A ce qu'il entreprend elle est toujours contraire ;
Ses propos sont cuisants, hautains et rigoureux ;
Le forçat misérable est beaucoup plus heureux
A la rame et aux fers d'un outrageux corsaire.

XVII

Si vous la prenez pauvre, avec la pauvreté
Vous épousez aussi mainte incommodité :
La charge des enfants, la peine et l'infortune ;
Le mépris d'un chacun vous fait baisser les yeux ;
Le soin rend vos esprits chagrins et soucieux.
Avec la pauvreté toute chose importune.

XVIII

Si vous l'épousez belle, assurez-vous aussi
De n'être jamais franc de crainte et de souci :
L'œil de votre voisin comme vous la regarde ;
Un chacun la désire, et vouloir l'empêcher,
C'est égaler Sisyphe et monter son rocher [10].
Une beauté parfaite est de mauvaise garde.

XIX

Si vous la prenez laide, adieu toute amitié!
L'esprit, tenant du corps, est plein de mauvaistié [11];
Vous aurez la maison pour prison ténébreuse ;
Le soleil désormais à vos yeux ne luira ;
Bref, on peut bien penser s'elle [12] vous déplaira,
Quand la plus belle femme en trois jours est fâcheuse.

XX

Celui n'avait jamais les noces éprouvé,
Qui dit qu'aucun secours contre amour n'est trouvé,
Depuis qu'en nos esprits il a fait sa racine :
Car, quand quelque beauté vient nos cœurs embraser,
La voulons-nous haïr ? Il la faut épouser :
Qui veut guérir d'amour, c'en est la médecine.

XXI

Mille fois Jupiter, d'amour tout égaré,
Pour les yeux de sa sœur a plaint et soupiré ;
Toutefois il la hait, dès qu'il l'a épousée,
Et lui déplait si fort [13], que, pour s'en étranger,
En bête et en oiseau ne feint [14] de se changer,
Ne trouvant rien fâcheux pour la rendre abusée.

XXII

C'est un étrange cas, que le palais des dieux
Ne s'est pu garantir des débats furieux
Naissant du mariage, auteur de toutes plaintes,
Et que ce Jupiter, que tout l'univers craint,
Aguetté de Junon, cent fois s'est vu contraint
De couvrir sa grandeur sous mille étranges feintes !

XXIII

La noce est un fardeau si fâcheux à porter,
Qu'elle fait à un dieu son empire quitter ;
Elle lui rend le ciel un enfer de tristesse,
Et trouve en ses liens tant d'infélicité [15],
Qu'il aime mieux servir en terre une beauté
Que jouir dans le ciel d'une épouse déesse.

XXIV

A l'exemple de lui, qui doit être suivi,

Tout homme qui se trouve en ces lacs asservi,

Doit par mille plaisirs alléger son martyre,

Aimer en tous endroits, sans esclaver son cœur,

Et chasser loin de lui toute jalouse peur :

Plus un homme est jaloux, plus sa femme on désire.

XXV

O supplice infernal, en la terre transmis

Pour gêner les humains, gêne mes ennemis !

Qu'ils soient chargés de fers, de tourments et de flammes !

Mais fuis de ma maison, n'approche point de moi !

Je hais plus que la mort ta rigoureuse loi,

Aimant mieux épouser un tombeau [16] qu'une femme.

NOTES

1. Meurtrir signifiait alors tuer ; aujourd'hui on ne l'emploie plus que dans le sens de coutusionner.

2 Hydre, du féminin en prose, est en poésie des deux genres.

Dépité est pris ici dans un sens plus fort que celui qu'on lui donne de nos jours.

4. C'est l'histoire de Pandore, admirablement rimée por Desportes.

5. Cerbère et les Furies. — Titye ou Tityus était un géant, nourrisson de la Terre, qui, ayant outragé Latone, fut percé de flèches par Apollon et précipité dans e Tartare, où un vautour lui dévorait éternellement les entrailles. Voir Virgile, livre VI, vers 595 et seq.)

6. Passer mille travaux : vaincre mille difficultés.

7. Desportes a dit ailleurs

> Compte plutôt, la nuit, les troupes étoilées,
> Le gravier et les flots des campagnes salées,
> Les fruitages d'automne et les fleurs du printemps.

8. Voir la note 3, page 57.

9. Beaucoup plus heureux que son mari. — Forçat désigne ici les esclaves rameurs des corsaires barbaresques.

10. On sait le supplice de Sisyphe, condamné à rouler au sommet d'une montagne un rocher qui retombait toujours.

11. Voir la note 2, page 41.

12. Pour si elle, comme on dit encore : s'il pour si il.

13. Et elle lui dép'alt si fort que pour s'en éloigner, etc....

14. Ne feint : ne fait semblant   peut-être serait-il meilleur de lire : ne faut, ne manque pas.

15. Et il trouve en ces liens, etc.....

16. Une expression analogue se trouve dans l'Antigone de Sophocle : « Pluton m'entraîne aux bords de l'Achéron ; et jamais le chant nuptial n'a retenti pour moi; c'est l'Achéron qui sera mon époux. »

CHANSON

Douce Liberté désirée,
Déesse, où t'es-tu retirée,
Me laissant en captivité ?
Hélas ! de moi ne te détourne !
Retourne, ô Liberté, retourne ;
Retourne, ô douce Liberté !

Ton départ m'a trop fait connaître
Le bonheur où je soulais ' être,
Quand, douce, tu m'allais guidant,
Et que, sans languir davantage,
Je devais, si j'eusse été sage,
Perdre la vie en te perdant.

6

Depuis que tu t'es éloignée,
Ma pauvre âme est accompagnée
De mille épineuses douleurs ;
Un feu s'est épris en mes veines,
Et mes yeux changés en fontaines
Versent du sang au lieu de pleurs.

Un soin caché dans mon courage [2]
Se lit sur mon triste visage ;
Mon teint plus pâle est devenu ;
Je suis courbé comme une souche,
Et, sans que j'ose ouvrir la bouche,
Je meurs d'un supplice inconnu.

Le repos, les jeux, la liesse [3],
Le peu de soin d'une jeunesse [4]
Et tous les plaisirs m'ont laissé ;
Maintenant rien ne me peut plaire,
Sinon, dévot et solitaire,
Adorer l'œil qui m'a blessé ;

D'autre sujet je ne compose :
Ma main n'écrit plus d'autre chose ;
Là tout mon service est rendu ;
Je ne puis suivre une autre voie,
Et le peu de temps que j'emploie
Ailleurs, je l'estime perdu.

Quel charme ou quel dieu plein d'envie
A changé ma première vie,
La comblant d'infélicité?
Et toi, Liberté désirée,
Déesse, où t'es-tu retirée?
Retourne, ô douce Liberté !

Les traits d'une jeune guerrière,
Un port céleste, une lumière,
Un esprit de gloire animé,
Hauts discours, divines pens es
Et mille vertus amassées
Sont les sorciers qui m'ont charmé.

Las ! donc sans profit je t'appelle
Liberté précieuse et belle :
Mon cœur est trop fort arrêté ;
En vain après toi je soupire,
Et crois que je te puis bien dire :
Pour jamais, adieu, Liberté [5] !

NOTES.

1. De *solere*, avoir coutume. L'épitaphe de La Fontaine a rajeuni et immortalisé ce mot :

> *Quant à son temps, bien sut le dépenser.*
> *Deux parts en fit, dont il soulait passer*
> *L'une à dormir, et l'autre à ne rien faire.*

2. Voir la note 1, page 8, — Soin est ici employé dans le même sens que dans le vers d'Andromaque

> *Tant de soins, tant de pleurs, tant d'ardeurs inquiètes.*

3. Voir la note 2, page 81.

4. L'insouciance de la jeunesse.

5. La même idée, un peu précieuse, a fourni à Desportes le sujet du sonnet suivant que nous citons ici, malgré le mauvais goût du fond, à cause de la mâle beauté de la forme :

> *Trois fois les Xanthiens au feu de leur patrie*
> *Se sont ensevelis avec la Liberté ;*
> *Et le vaillant Caton, d'un esprit indompté,*
> *Afin de mourir libre, est cruel à sa vie.*
>
> *L'épouse de Syphax, du malheur poursuivie,*
> *Fuit, en s'empoisonnant, le triomphe apprêté ;*
> *Et, d'un cœur aussi beau comme était sa beauté,*
> *Mourut l'Égyptienne, après être asservie.*
>
> *Que pensé-je donc faire, ô chétif que je suis !*
> *Chargé de mille fers, mais plus chargé d'ennuis,*
> *Qui sens mon âme libre esclave être rendue ?*
>
> *Il faut, il faut mourir ! je suis trop attendant ;*
> *Si ce n'est en Caton, ma liberté gardant,*
> *Soit comme Cléopatre, après l'avoir perdue.*

CHANSON

Ah Dieu ! que la flamme est cruell
Dont amour me fait consumer !
Je sers une dame infidèle,
Et ne puis cesser de l'aimer.

La marine [1] est plus arrêtée [2],
Et du ciel les hauts mouvements ;
Bref, tout ce qu'on lit de Protée
Ne s'égale à ses changements :

Ore [3] je suis seul en sa grâce ;
Ce n'est qu'amour, ce n'est que feu ;
Un autre aussitôt prend ma place,
Et feint ne m'avoir jamais vu [4] ;

Ce nouveau, fier de mon dommage [5],
Qui se forge un destin constant,
Aussitôt se trouve en naufrage
Et me voit au port tout content.

J'ai fait, par art et par nature,
Tout ce qu'un amant peut penser,
Afin d'arrêter ce mercure [6]
Sans jamais y rien avancer.

Las! ce qui plus me désespère,
C'est qu'avec tout ce que j'en voi
Mon esprit ne s'en peut distraire
Et l'adore en dépit de moi.

Si, jaloux, je franchis sa porte,
Jurant de n'y plus retourner,
Mon pied malgré moi m'y rapporte,
Et ne saurais l'en détourner.

C'est toujours accord ou querelle,
O misérable que je suis!
Je ne saurais vivre avec elle,
Et sans elle aussi je ne puis!

NOTES

1. Voir la note 2, page 8.

2. Moins changeante, plus fixe.

3. Voir la note 4, page 19.

4. Et elle feint ne m'avoir jamais vu. ANDRÉ CHÉNIER, Elégies

> *Que l'ingrate étonnée, en recevant ce don,*
> *Ne l'ait vu de sa vie et demande ton nom.*

5. HORACE, Épodes :

> *Atque meo nunc*
> *Superbus incedis malo.....*

6. Fixer le mercure, c'est rendre constant quelqu'un qui ne l'est point.

STANCES

Enfin les dieux bénins ont exaucé mes cris !
La beauté qui me blesse, et qui tient mes esprits
  En langueur continue,
Languit dedans un lit d'un mal plein de rigueur ;
Son beau teint devient pâle, et sa jeune vigueur
  Peu à peu diminue.

Plus grand heur en ce temps ne pouvait m'advenir ;
Une heure en son logis on ne l'eût su tenir ;
  Elle eût fait cent voyages,
Aux festins, aux pardons, d'un et d'autre côté,
Et chacun de ses pas au cœur m'eût enfanté
  Mille jalouses rages.

Pour le moins, tant de jours qu'au lit elle sera,
Nonchalante de soi [1], ma frayeur cessera ;
    Car ceux qui me font crainte
D'approcher de son lit n'auront pas le pouvoir,
Et peut-être le temps qu'ils seront sans la voir
    Rendra leur flamme éteinte.

Mais, las ! une autre peur va mon cœur désolant :
Je vois qu'elle affaiblit, et son mal violent
    D'heure en heure prend âme ;
La force lui défaut à si grande douleur ;
Les roses de son teint n'ont pas tant de couleur,
    Ni ses yeux tant de flamme.

Eh bien ! elle mourra. M'en faut-il tourmenter ?
Rien de mieux en ce temps je ne puis souhaiter ;
    Car s'elle [2] m'est ravie,
Et que pour tout jamais son œil me soit couvert,
Mon cœur à tant d'ennuis ne sera plus ouvert :
    Sa mort sera ma vie.

Je n'aurai plus l'esprit de fureurs embrasé :
Mon lit ne sera plus si souvent arrosé,
    Et la nuit solitaire
Ne m'oira [3] tant de fois les hauts cieux blasphémer,
Ni la loi des destins, qui me force d'aimer,
    Quand moins je le veux faire.

Sitôt que son beau corps sera froid et transi,
Sur le point de sa mort, je veux mourir aussi ;
  La sentence est donnée !
Car ma vie à l'instant de regret finira,
Ou par glaive ou poison du corps se bannira
  Mon âme infortunée.

Avec ce dernier acte à tous je ferai voir
Que moi seul, en vivant, méritais de l'avoir,
  Pour mon amour fidèle ;
Car, de tant de muguets, qui l'aiment feintement,
Je suis sûr que pas un, fors que moi seulement,
  Ne se tûra pour elle.

O mort, hâte-toi donc ! Fais ce coup glorieux,
Et de ton voile obscur couvre les plus beaux yeux
  Que jamais fit nature !
Sépare un clair esprit d'un corps parfait et beau !
Tu mettras avec elle Amour et son flambeau
  Dedans la sépulture.

Las ! en parlant ainsi, je sens soudainement
Un spasme, une faiblesse, un morne étonnement,
  Qui pâlit mon visage ;
Ma langue s'engourdit ; mes yeux sont pleins d'horreur ;
Puis, en moi revenu, dépitant ma fureur,
  De ces mots je m'outrage :

O méchant que je suis ! ingrat et malheureux !
Je ne mérite pas d'être dit amoureux :
    J'ai l'âme trop cruelle :
Chacun veut de sa dame allonger le destin ;
Et moi, je fais des vœux pour avancer la fin
    D'une qui m'est si belle !

Il faut bien que la rage ait pouvoir dedans moi,
Et que le troublement, qui me donne la loi,
    Soit d'une étrange sorte,
Quand, vivant tout en vous, ô mon mal bien-aimé,
N'ayant jour que de vous, par vous seule animé,
    Je vous souhaite morte !

O dieux, qui d'ici-bas les destins gouvernez,
Et qui des suppliants les malheurs détournez,
    Oyez ce que je prie :
Rendez saine ma dame avec un prompt secours,
Et, s'il en est besoin, retranchez de mes jours,
    Pour allonger sa vie !

Et toi, dieu cynthien, qui fais tout respirer,
Si, dès mes jeunes ans, on m'a vu t'adorer,
    Viens alléger ma dame !
Chasse au loin sa langueur ! rends-lui son teint vermeil !
Soleil, tu aideras à cet autre soleil,
    Qui éclaire en mon âme [4].

NOTES

1. Négligeant tout soin d'elle-même.

2. Voir la note 12, page 98.

3. Ne m'entendra, du verbe ouïr

4. Quatre strophes ont été retrauchées de cette pièce.

SONNET

A Cléonice

Qu'on m'arrache le cœur ; qu'on me fasse endurer
Le feu, le fer, la roue et tout autre supplice ;
Que l'ire [1] des tyrans dessus moi s'assouvisse ;
Je pourrai tout souffrir. sans gémir, ni pleurer ;

Mais qu'on veuille en vivant de moi me séparer,
M'ôter ma propre forme, et, par tant d'injustice,
Vouloir que, sans mourir, de vous je me bannisse ;
On ne saurait, madame, il ne faut l'espérer.

En dépit des jaloux, partout je veux vous suivre!
S'ils machinent ma mort, je suis si las de vivre,
Qu'autre bien désormais n'est de moi souhaité;

Je bénirai la main qui sera ma meurtrière,
Et l'heure de ma mort sera l'heure première
Que de quelque repos ça-bas [2] j'aurai goûté.

NOTES

1. La colère.

2. Ici-bas.

SONNET

Qu'on ne me prenne pas pour aimer tièdement,
Pour garder ma raison, pour avoir l'âme saine :
Si, comme une bacchante, Amour ne me promène,
Je refuse le titre et l'honneur d'un amant.

Je veux toutes les nuits soupirer en dormant ;
Je veux ne trouver rien si plaisant que ma peine,
N'avoir goutte de sang qui d'amour ne soit pleine,
Et, sans savoir pourquoi, me plaindre incessamment.

Mon cœur me déplairait, s'il n'était tout de flamme ;
L'aise et le mal d'amour autrement n'ont point d'âme ;
Amour est un enfant sans prudence et sans yeux.

Trop d'avis et d'égard sied mal à la jeunesse :
Aux conseillers d'État je laisse la sagesse,
Pour m'en servir comme eux, lorsque je serai vieux.

ÉLÉGIE

Que servirait nier chose si reconnue ?
Je l'avoue : il est vrai, mon amour diminue,
Non pour objet nouveau qui me donne la loi,
Mais c'est que vos façons sont trop froides pour moi ;
Vous avez trop d'égard, de conseil, de sagesse ;
Mon humeur n'est pas propre à si tiède maîtresse :
Je suis impatient, aveugle et furieux.

Pour aimer comme moi, trop clairs sont vos beaux yeux ;
Toute chose vous trouble et vous rend éperdue ;
Une vaine rumeur sans sujet répandue,
Le regard d'un passant, le caquet d'un voisin,
Quelque parent de loin, un beau-frère, un cousin,
De mille étonnements laissent votre âme atteinte ;

Vos femmes seulement vous font pâlir de crainte,
Et, quand de mes travaux j'attends quelque loyer,
Le temps en ces frayeurs se voit tout employer.
D'une flèche trop mousse Amour vous a blessée.

Il faut à mes fureurs quelque amante insensée,
Qui, mourant chaque jour, me livre cent trépas,
Qui m'ôte la raison, le somme et le repas,
Qui craigne de me perdre, et qui me fasse craindre,
Qui toujours se complaigne, ou qui m'écoute plaindre,
Qui se jette aux dangers, et qui m'y jette aussi,
Qui transisse en absence, et que j'en sois ainsi [1],
Qui m'occupe du tout, que tout je la retienne [2],
Et qu'un même penser notre esprit entretienne ;
Voilà les passe-temps que je cherche en aimant :
J'aime mieux n'aimer point que d'aimer tièdement.
L'extrémité me plaît. Désirez-vous que j'aime ?
Soyez en vos ardeurs, comme en beautés, extrême ;
Perdez tous ces respects qui nous ont abusés ;
Aveuglons les jaloux ; trompons les plus rusés,

Cette mère d'Amour, que tout être révère,
Apprend la simple fille à tromper une mère,
Une tante, une garde, et doucement, la nuit,
Se couler d'auprès d'elle, aller, sans faire bruit,
A tâtons, à la porte, et, sous l'obscur silence,
Ouvrir à son amant, qui bout d'impatience [3];

Aux gestes et aux yeux elle apprend à parler,
Et par chiffre inconnu son secret déceler ;
Elle fait que la femme et jeune et peu rusée
Le soin d'un vieux jaloux convertit en risée,
Et que le cœur loyal, d'amour bien embrasé,
Ne trouve jamais rien qui lui soit malaisé.

Mais ceux-là seulement l'éprouvent favorable,
Qui nourrissent au cœur un ulcère incurable,
Qui bien loin ont chassé tout discours de raison,
Et qu'un sage respect n'enferme en la maison,
Mais, comme la fureur à clos yeux les transporte,
Passent cent et cent fois par devant une porte,
Rôdent toute la nuit, sans profit bien souvent,
Et ne craignent voleurs, froid, orage, ni vent.

Expert j'en puis parler : sa faveur j'ai sentie ;
Quand plus fort la raison s'est de moi divertie [4],
Quand je suis tout de flamme, et que, chargé d'ennuis,
Par la ville, à grands pas, j'erre toutes les nuits,
Toujours cette déesse à mon secours se montre :
Les batteurs de pavé, qu'aux détours je rencontre,
Ne m'ôtent point ma cape, et leur fer rigoureux
Ne se trempe jamais dans mon sang amoureux ;
Le froid des nuits d'hiver ne me porte nuisance,
Ni le serein, ni l'eau qui tombe en abondance ;
Je ne me sens de rien ; tout aide à ma santé,

Pourvu qu'à la parfin [5], ayant bien écouté,
Lasse de mes travaux, celle qui m'est si belle,
Entr'ouvrant la fenêtre, à voix basse m'appelle.

O toi, quiconque sois, qui te vas retirant
Si tard en ton logis, ne sois trop enquérant !
Prends ton chemin plus haut ; porte basse la rue ;
Ne pense à remarquer ni l'endroit, ni la rue ;
Fais hâter ton flambeau ; toi-même avance-toi,
Et ne t'enquiers jamais de mon nom, ni de moi ;
Ou si, sans y penser, tu viens à me connaître,
N'en ouvre point la bouche et n'en fais rien paraître :
Tout mystère d'amour mérite être caché ;
Qui en use autrement commet un grand péché.

Toutefois, quand la langue indiscrète et mauvaise
D'un sot entreprendrait de corrompre notre aise,
Il s'en faudrait moquer ; car, maîtresse, aussi bien,
Votre mari l'oyant [6] n'en croirait jamais rien ;
J'y ai mis trop bon ordre : une de ces sorcières [7],
Qui commande aux esprits, hôtes des cimetières,
Fort savante en son art, experte à conjurer,
Qui pourrait des enfers Proserpine tirer,
Qui sait tous les secrets de Circe [8] et de Médée,
Et quelle heure ou quelle herbe est plus recommandée,
Avec de puissants mots par trois fois rechantés,
A pour moi tous les yeux des maris enchantés.

Si le vôtre en me bras vous voyait toute nue,
Il ne croirait jamais la chose être advenue.
Mais sachez que ce charme est pour moi seulement,
Et ne vous servirait pour aucun autre amant ;
Car, si vous présumiez tant soit peu lui complaire,
Mari, frères, voisins, sauraient toute l'affaire ;
La vieille me l'a dit, pour vous en aviser.
Mais de toutes faveurs vous me pouvez user [9],
Et sans crainte à mes maux donner prompte allégeance
Jamais votre mari n'en aura connaissance.

Cette bonne devine [10], avec son grand savoir,
Fait serment qu'elle peut les courages [11] mouvoir,
Soit des prisons d'amour ouvrant toutes les portes,
Soit les plus libres cœurs chargeant de chaînes fortes.
Moi-même en ai fait preuve, il le faut confesser :
Elle m'a fait trois nuits à la lune passer ;
M'a fait plonger trois fois la tête en la rivière ;
J'ai fait maint sacrifice avec mainte prière,
Tandis que de parfums mon corps elle purgeait [12],
Et de noires liqueurs son bras nu m'aspergeait.

Il est vrai qu'en mes vœux, ô seul but de ma vie,
D'échapper de vos mains je n'avais point d'envie ;
Je priais seulement, d'amour tout enflammé,
Qu'en vous aimant bien fort je fusse bien aimé,
Que jamais votre ardeur ne se pût voir éteinte,

Et que plus désormais vous n'eussiez tant de crainte :

Voilà tous les souhaits qui content me rendraient.

Si le ciel n'était sourd, je sais qu'ils adviendraient,

Et qu'un trait plus aigu perçant votre courage,

Vous seriez moins craintive, et moins tiède, et moins sage [12].

NOTES

1. Que je sois comme elle, que je transisse en son absence, comme elle transit en la mienne.

2. Qui m'occupe entièrement, et que j'occupe de même.

3. Comparer ce charmant tableau à celui, plus charmant encore, dont il est imité. (TIBULLE, livre II, élégie 1).

> *Hoc duce, custodes furtim transgressa jacentes,*
> *Ad juvenem tenebris sola puella venit,*
> *Et pedibus prætentat iter suspensa timore,*
> *Explorat cæcas cui manus ante vias.*

4. Divertir est pris ici dans le sens latin : s'est séparée, s'est éloignée.

5. Enfin, à la fin. MAROT, dans le Lion et le Rat :

> *Mais il vous le rongea*
> *Souvent et tant, qu'à la parfin tout rompt.*

6. L'entendant dire, en oyant parler.

7. La sorcellerie était en grand honneur au temps de Desportes. Tout le monde connaît la scène d'incantation décrite par M. Mérimée dans sa Chronique de Charles IX.

8. Circé.

9. Mais de toutes faveurs vous pouvez user pour moi, envers moi. Régnier a dit de même :

> *Ces rencontres de mains, et mille autres caresses*
> *Qu'usent à leurs amants les plus douces maîtresses.*

[Élégie II.]

10. On dit devineresse ; La Fontaine a employé devineuse et devine :

> *Chez la devineuse on courait*
> *Pour se faire annoncer ce que l'on désirait.* . .

. . . .
> *Cette dernière femme eut beau faire, eut beau dire :*
> *Moi, devine? On se moque! Hé! messieurs, sais-je lire?*

[Dans la fable des Devineresses.]

11. Voir la note 1, page 8.

12. Elle purifiait mon corps avec des parfums.

13. Huit vers ont été retranchés de cette élégie.

SONNET

A Dorat [1]

Quel destin favorable, ennuyé de mes peines,
Rompra les forts liens dont mon col est pressé?
Par quel vent reviendrai-je au port que j'ai laissé,
Suivant trop follement des espérances vaines?

Verrai-je plus le temps qu'au doux bruit des fontaines,
Dans un bocage épais mollement tapissé,
Nous récitions nos vers, moi, d'amour offensé,
Toi, bruyant [2] de nos rois les victoires hautaines?

Si j'échappe d'ici, Dorat, je te promets
Qu'Apollon et Cypris je suivrai désormais,
Sans que l'ambition mon repos importune ;

Les venteuses faveurs [3] ne pourront me tenter,
Et de peu je saurai mes désirs contenter,
Prenant congé de vous, Espérance et Fortune !

NOTES

1. Voir la note n de la préface.

2. Bruyant, participe présent du verbe bruire, chanter avec éclat, célébrer. — RÉGNIER, Discours au roi :

. . . *Le monde entier ne bruit que tes projets.*

3. Venteuses, car on *ne trouve à la fin que du vent*

ODE

De mes ans la fleur se déteint :
J'ai l'œil cave et pâle le teint ;
Ma prunelle est toute éblouie ;
De gris blanc ma tête se peint,
Et n'ai plus si bonne l'ouïe ;

Ma vigueur peu à peu se fond ;
Maint sillon replisse mon front ;
Le sang ne bout plus dans mes veines ;
Comme un trait mes beaux jours s'en vont,
Me laissant faible entre les peines.

Adieu, chansons! adieu, discours!
Adieu, nuits que j'appelais jours,
En tant de liesses [1] passées!
Mon cœur, où logeaient les amours,
N'est ouvert qu'aux tristes pensées.

Le printemps les roses produit ;
L'été plus chaud mûrit le fruit ;
Des saisons divers est l'empire :
Aux amours la jeunesse duit [2] ;
L'autre âge autre chose désire.

Connaissant donc ce que je doi,
Faut-il pas suivre une autre loi,
Propre à mon âge et ma tristesse?
Dois-je pas bannir loin de moi
Tous noms d'amour et de maîtresse?

Loin, bien loin, plaisir décevant!
Arrière, espoir conçu de vent,
Qui servais d'attiser ma flamme!
La raison, serve [3] auparavant,
Soit maintenant reine en mon âme!

Las! durant que je parle ainsi,
Et feins que mon cœur endurci
Soit fort pour d'amour se défendre,
Ce dieu sans yeux et sans merci
Fait jaillir des feux de ma cendre :

Un doux importun souvenir,
Devant moi faisant revenir
L'image en mon âme adorée,
Garde que je ne puis tenir [4]
Contre amour de place assurée.

Seul sujet de mon déconfort,
Pourquoi me presses-tu si fort,
Repassant en ma souvenance
La belle cause de ma mort
Et l'œil dont je pleure l'absence?

Mon cœur s'ouvrit par le milieu,
Alors qu'au partir de ce lieu
Tant de pleurs baignaient son visage;
Sans mourir, je lui dis adieu!
Suis-je pas de lâche courage [5] ?

Fasse le ciel ce qu'il voudra!
Ce jour au cœur me reviendra,
Et, bien qu'il me tienne loin d'elle,
Mon feu jamais ne s'éteindra
J'en trouve la cause trop belle.

NOTES

1. Voir la note 2, page 51.

2. Voir la note 6, page 67.

3. Esclave.

4. Empêche que je ne puisse tenir.

5. Voir la note 1, page 8.

SONNET

Ah ! je vous entends bien ; ces propos gracieux,
Ces regards dérobés, cet aimable sourire,
Sans me les déchiffrer, je sais qu'ils veulent dire [1] :
C'est qu'à mes ducatons vous faites les doux yeux.

Quand je compte mes ans, Tithon n'est pas si vieux ;
Je ne suis désormais qu'une mort qui respire ;
Toutefois votre cœur de mon amour soupire ;
Vous en faites la triste et vous plaignez des cieux.

Le peintre était un sot, dont l'ignorant caprice
Nous peignit Cupidon un enfant sans malice,
Garni d'arc et de traits, mais nu d'accoutrements :

Il fallait, pour carquois, une bourse lui pendre,
L'habiller de clinquant[2], et lui faire répandre
Rubis à pleines mains, perles et diamants.

NOTES

1. Ce qu'ils veulent dire. De même à la page 55 :

> *Une jeune beauté, qui tout printemps surmonte,*
> *Qui sait que c'est amour, etc.* . . .

2. Ce mot, qui est pris le plus souvent en mauvaise part, désigne ici ces vête-
ments enrichis d'or et de pierreries que les seigneurs du temps portaient aux
grandes occasions.

PLAINTE

Des abîmes d'ennuis, en l'horreur plus extrême,
Sans conseil, sans confort [1] d'autrui ni de moi-même,
Car, hélas! ma douleur n'en saurait recevoir,
Outré d'âme et de corps d'incurables atteintes,
Mon cœur, qui n'en peut plus, s'ouvre en ces tristes plaintes,
Puisque ma voix, Seigneur, n'en a pas le pouvoir.

Tu m'as posé pour butte aux angoisses amères,
Aux malheurs, aux regrets, aux fureurs, aux misères ;
Mon mal n'est toutefois si grand que mon erreur,
Mais si [2], le puis-je dire en ma peine effroyable,
Bien que je te réclame et doux et pitoyable,
Tu me fais trop sentir les traits de ta fureur.

De faiblesse et d'ennuis mon âme est égarée ;
Les os percent ma peau ; ma langue est ulcérée ;
Comme flots courroucés mes maux se vont suivants ;
Pour tout nourrissement j'engloutis ma salive,
Et crois que ta rigueur ne permet que je vive,
Que pour servir d'exemple et de crainte aux vivants.

En cet étonnement, mille figures vaines,
Toujours d'effroi, de meurtre et d'horreur toutes pleines,
Réveillent coup sur coup mon esprit agité ;
Je rêve incessamment, et ma vague pensée,
Puis deçà, puis delà, sans arrêt est poussée,
Comme un vaisseau rompu par les vents emporté.

Hélas ! sois-moi propice, ô mon Dieu ! mon refuge !
Punis-moi comme père, et non pas comme juge,
Et modère un petit le martyre où je suis !
Tu ne veux point la mort du pécheur plein de vice,
Mais qu'il change de vie et qu'il se convertisse :
Las ! je l'essaie assez ; mais sans toi je ne puis.

Je ressemble en mes maux au passant misérable,
Que des brigands pervers la troupe impitoyable,
Au val de Jéricho, pour mort avait laissé ;
Il ne pouvait s'aider ; sa fin était certaine,
Si le Samaritain, d'une âme toute humaine,
N'eût étanché sa plaie et ne l'eût redressé.

Ainsi, sans toi, Seigneur, vainement je m'essaie ;
Donne-m'en donc la force et resserre ma plaie ;
Purge et guéris mon cœur que ton iré [3] a touché,
Et que ta sainte voix, qui força la nature,
Le Lazare arrachant hors de la sépulture,
Arrache mon esprit du tombeau du péché.

Fais rentrer dans le parc ta brebis égarée ;
Donne de l'eau vivante à ma langue altérée ;
Chasse l'ombre de mort qui vole autour de moi ;
Tu me vois nu de tout, sinon de vitupère ;
Je suis l'enfant prodigue : embrasse-moi, mon père !
Je le confesse, hélas ! j'ai péché devant toi.

Pourquoi se fût offert soi-même en sacrifice
Ton enfant bien-aimé, Christ, ma seule justice ?
Pourquoi, par tant d'endroits, son sang eût-il versé,
Sinon pour nous, pécheurs, et pour te satisfaire ?
Les justes, ô Seigneur ! n'en eussent eu que faire,
Et pour eux son saint corps n'a pas été percé.

Par le fruit de sa mort j'attends vie éternelle ;
Lavée en son pur sang, mon âme sera belle.
Arrière, ô désespoirs, qui m'avez transporté !
Que toute défiance hors de moi se retire !
L'œil bénin du Seigneur pour moi commence à luire :
Mes soupirs à la fin ont ému sa bonté.

O Dieu, toujours vivant! j'ai ferme confiance
Qu'en l'extrême des jours, par ta toute-puissance,
Ce corps couvert de terre, à ta voix se dressant,
Prendra nouvelle vie, et, par ta pure grâce,
J'aurai l'heur de te voir, de mes yeux, face à face,
Avec les bienheureux ton saint nom bénissant [4].

NOTES

1. Voir la note 1, page 11.

2. Si, dans le sens de *pourtant*, comme dans ces vers de Marot:

> *Tu m'as donné au vif ta face peinte,*
> *Peinte pour vrai de main d'excellent homme*
> *Si l'ai-je mieux dedans mon cœur empreinte*
> *D'un autre ouvrier qui Cupido se nomme.*

3. « Le courroux, la colère, la rage, la fureur, ne sont pas synonymes avec l'ire, mot admirable : on conçoit l'ire sublime de Dieu, non sa colère. » (Ph. CHASLES. Des variations de la langue française, Etudes sur le XVIᵉ siècle.)

4. Deux strophes ont été retranchées de ce morceau.

FIN.

TABLE

Pages.

PRÉFACE... I

SONNET. — Celle à qui j'ai sacré ces fleurs de ma jeu-

    nesse. .... 1.

CHANT D'AMOUR... 3

SONNET. — Voici du gai printemps l'heureux avéne-

    ment... 11

CHANSON. — Un doux trait de vos yeux, ô ma fière

    déesse !.. 13

PRIÈRE AU SOMMEIL.. 15

SONNET. — Aimons-nous, ma déesse, et montrons à l'é-

preuve... 21

DIALOGUE. — Amour, âme des cœurs, esprit des beaux

esprits... 23

COMPLAINTE. — La terre naguère glacée............. 29

SONNET. — Lettres, le seul repos de mon âme agitée . 33

DIALOGUE. — Doncque ces yeux bien aimés.......... 35

CONTRE UNE NUIT TROP CLAIRE........................ 43

BAISER... 49

ÉLÉGIE. — Vous, qui tenez ma vie en vos yeux pri-

sonnière... 53

ADIEU A LA POLOGNE................................. 59

MASCARADE DES CHASSEURS........................... 63

VILLANELLE. — Rosette, pour un peu d'absence....... 69

CHANSON. — O bienheureux qui peut passer sa vie..... 71

ÉPIGRAMME. — Je t'apporte, ô Sommeil, du vin de quatre

années 77

SONNET. — Ah! mon Dieu! je me meurs! il ne faut plus

attendre... 79

DISCOURS. — Que faites-vous, mignons, mon désiré

souci?... 81

STANCES DU MARIAGE............................ 87

CHANSON. — Douce liberté désirée.................. 97

CHANSON. — Ah Dieu! que la flamme est cruelle...... 101

STANCES. — Enfin les dieux bénins ont exaucé mes cris!. 105

SONNET. — Qu'on m'arrache le cœur, qu'on me fasse

endurer........................... 111

SONNET. — Qu'on ne me prenne pas pour aimer tiède-

ment.............................. 113

ÉLÉGIE. — Que servirait nier chose si reconnue?...... 115

SONNET. — Quel destin favorable, ennuyé de mes peines.. 123

ODE. — De mes ans la fleur se déteint.............. 125

SONNET. — Ah! je vous entends bien; ces propos gra-

cieux............................. 129

PLAINTE. — Des abîmes d'ennuis, en l'horreur plus ex-

trême..................................... 131

FIN DE LA TABLE.

223. — Imp. POUPART-DAVYL et Cie, rue du Bac, 30.

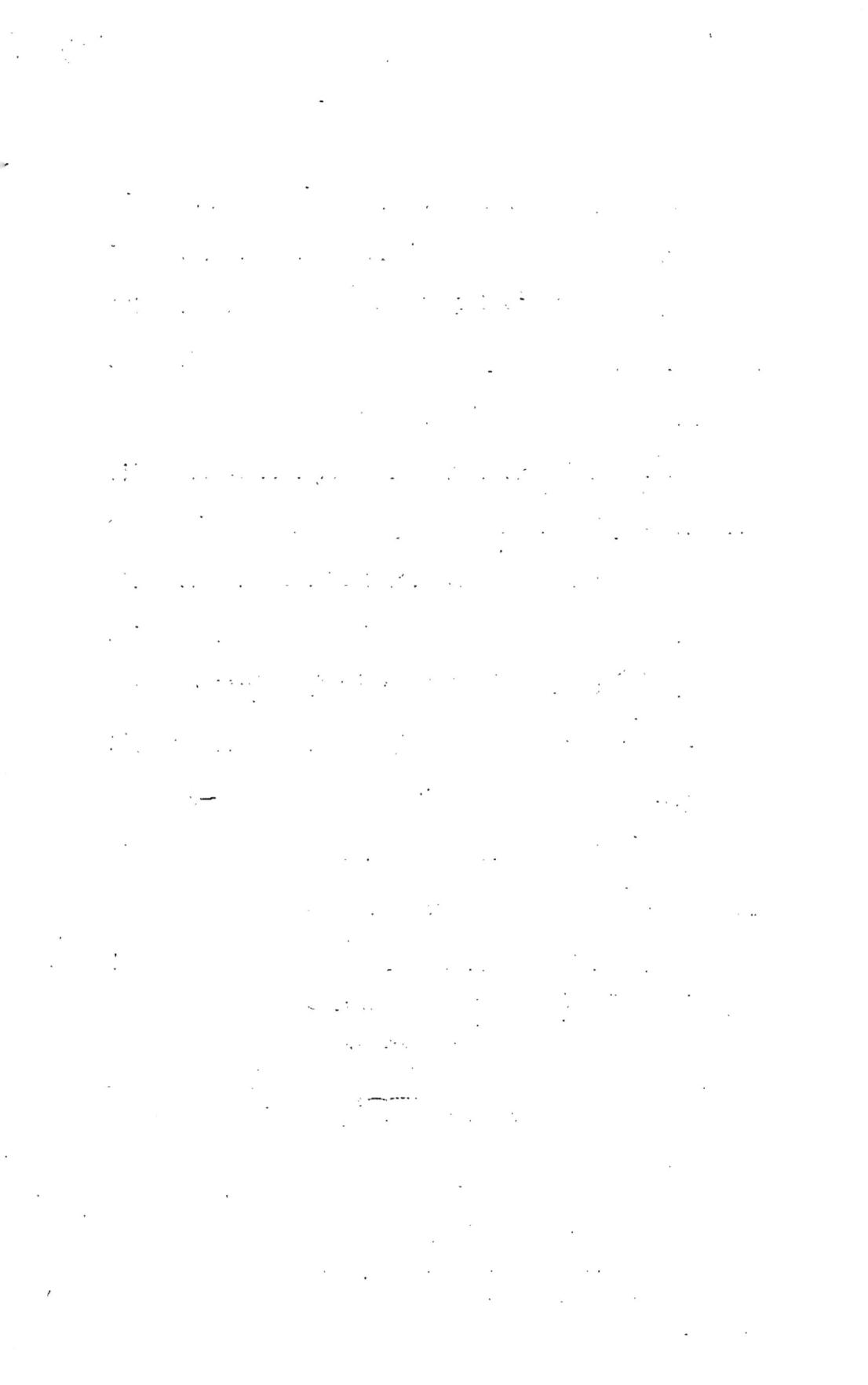

EXTRAIT

DU

CATALOGUE

DE LA LIBRAIRIE

POULET-MALASSIS

97, Rue Richelieu, 97

POËTES CONTEMPORAINS

3. — PARIS. — IMPRIMERIE DU CORPS LÉGISLATIF

Poupart-Davyl et Cᵉ, rue du Bac, 30.

THÉODORE DE BANVILLE.

POÉSIES COMPLÈTES

AVEC UNE EAU-FORTE-TITRE

Dessinée et gravée par BRACQUEMOND

1 volume gr. in-12 : 3 fr.

LES STALACTITES. — ODELETTES. — LE SANG DE LA COUPE. — LA MALÉDICTION DE VÉNUS.

PARIS ET LE NOUVEAU LOUVRE

ODE

In-18 : 50 centimes.

AMÉTHYSTES

NOUVELLES ODELETTES AMOUREUSES

Composées sur des rhythmes de RONSARD

(Impression en deux couleurs)

1 volume in-12 : 2 fr.

CHARLES BAUDELAIRE.

———

LES FLEURS DU MAL

SECONDE ÉDITION

AUGMENTÉE DE TRENTE-CINQ POÉMES INÉDITS

ET ORNÉE D'UN PORTRAIT DE L'AUTEUR

GRAVÉ PAR

BRACQUEMOND.

1 volume gr. in-12 : 3 fr.

AUGUSTE DE CHATILLON.

—

A LA GRAND'PINTE

POÉSIES

Avec une préface de **THÉOPHILE GAUTIER**

DEUXIÈME ÉDITION TRÈS-AUGMENTÉE

1 volume gr. in-12 : 2 fr.

ALFRED DES ESSARTS.

——

A L'AMÉRIQUE

LA GUERRE DES FRÈRES

In-8° : 1 fr

EMMANUEL DES ESSARTS.

——

POÉSIES PARISIENNES

1 volume in-18 : 2 fr.

THÉOPHILE GAUTIER.

———

ÉMAUX ET CAMÉES

SECONDE ÉDITION AUGMENTÉE

AVEC FLEURONS, CULS-DE-LAMPE

ET FRONTISPICE

Dessinés par E. THEROND

1 volume in-18 : 3 fr.

HENRI DE LACRETELLE.

———

LES

NUITS SANS ÉTOILES

1 volume in-18 : 2 fr.

LECONTE DE LISLE.

———

POÉSIES COMPLÈTES

POËMES ANTIQUES. — POËMES ET POÉSIES

OUVRAGES COURONNÉS PAR L'ACADÉMIE FRANÇAISE

Frontispice dessiné et gravé par **LOUIS DUVEAU**

1 volume gr. in-12 : 3 fr.

———

DU MÊME AUTEUR :

POËMES BARBARES

1 volume in-18 : 3 fr.

LOUIS RAMBAUD.

—

AMARA

POÉSIES

1 volume in-18 : 2 fr.

SAINTE-BEUVE

de l'Académie Française.

VIE, POÉSIES ET PENSÉES

DE

JOSEPH DELORME

NOUVELLE ÉDITION TRÈS-AUGMENTÉE

1 volume in-8° : 5 fr.

123.—PARIS. — IMPRIMERIE POUPART-DAVYL ET Cᵉ,
RUE DU PAC, 30.

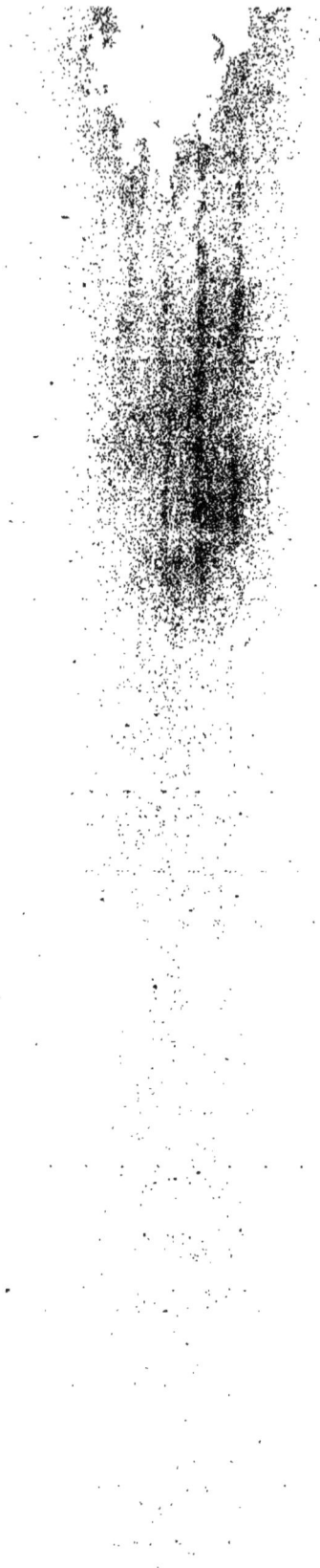

225. — PARIS. — IMPRIMERIE POUPART-DAVYL ET Cie,
RUE DU BAC, 30

23-44

www.ingramcontent.com/pod-product-compliance
Lightning Source LLC
Chambersburg PA
CBHW072036090426
42733CB00032B/1822